贾植芳全集

陈思和 ◎ 主编

卷十·

附录与索引卷

山西出版传媒集团

北岳文艺出版社

图书在版编目（CIP）数据

贾植芳全集 / 贾植芳著；陈思和主编 . — 太原：
北岳文艺出版社，2020.1
  ISBN 978-7-5378-4988-3

  Ⅰ . ①贾… Ⅱ . ①贾… ②陈… Ⅲ . ①贾植芳（
1916-2008）—全集 Ⅳ . ① C52

中国版本图书馆 CIP 数据核字（2017）第 253948 号

贾植芳全集·附录与索引卷

陈思和◎主编

//

选题策划
续小强
刘文飞
范戈

项目负责人
范戈

责任编辑
范戈

书籍设计
张永文

印装监制
巩璠

出版发行：山西出版传媒集团·北岳文艺出版社
地址：山西省太原市并州南路 57 号　邮编：030012
电话：0351-5628696（发行部）　　0351-5628688（总编室）
传真：0351-5628680
网址：http://www.bywy.com　E-mail：bywycbs@163.com
经销商：新华书店
印刷装订：山西人民印刷有限责任公司

开本：710mm×1000mm　　1/16
总字数：4850 千字
总印张：297.5
版次：2020 年 1 月第 1 版
印次：2020 年 1 月山西第 1 次印刷
书号：ISBN 978-7-5378-4988-3
总定价：498.00 元（全 10 卷）

编者说明

———————

一、本卷为卷十《附录与索引卷》，所收内容为：附录部分，包括《贾植芳先生著作目录》《贾植芳先生著作图录》；索引部分，包括《索引例言》《人名篇》《书名篇》《地名篇》。

二、《贾植芳先生著作目录》分四个部分：创作类、学术专著／论著、翻译和文集。收录贾植芳先生 1947 年至 2013 年间出版著作的目录。

三、《贾植芳先生著作图录》分六个部分：创作类、学术专著／论著、翻译、文集、编著和相关书籍。收录贾植芳先生 1947 年至 2013 年的著作、编著作品和相关书籍的书影图片，并配以详细的出版信息资料。

四、索引对卷一《创作卷（上）》、卷二《创作卷（下）》、卷三《回忆录和访谈录卷》、卷五《书信卷》、卷六《日记卷（上）》和卷七《日记卷（下）》进行索引。（详情参阅本卷《索引例言》）

五、附录由骆世俊、黄丽丽编制。

六、索引中的各卷索引编制者为：卷一《创作卷（上）》：顾文艳；卷二《创作卷（下）》：骆世俊、袁敏棻；卷三《回忆录和访谈录卷》：刘天

艺、陈丙杰；卷五《书信卷》：顾文艳、刘天艺、骆世俊；卷六《日记卷（上)》：袁敏棻、吴天舟、刘天艺；卷七《日记卷（下)》：胡读书、陈玉婷。

目 录

附录

贾植芳先生著作目录 ···················· 003

贾植芳先生著作图录 ···················· 036

索引

索引例言 ···························· 061

人名篇 ····························· 064

书名篇 ····························· 169

地名篇 ····························· 267

附　录

贾植芳先生著作目录

一、创作类

杨力:《人生赋》

(上海:海燕书店,1947年,138页〔正文页数,后同〕)

目录	页码
人的悲哀	1
嘉寄尘先生和他的周围	33
人生赋	56
我乡	79
理想主义者	97
剩余价值论	115
更下	129

杨力:《热力》

(上海:文化工作社,1949年,85页)

目录	页码
序言	1
卷一	
记忆	1
距离	6
卷二	
沉闷期的断想	11
卷三	
蛇	24
掘墓者	29
魔术班子	36
窗外	40
悲哀的玩具	43
夜间的遭遇	47
热力	53
黑夜颂	59
卷四	
悼黄浪萍君	65
在寒冷的上海	70

目录	页码
在寒冷里	74
就是这样的	76
一张照片	79
给战斗者	81
后记	83

杨力:《人的证据》(第一部)

(上海:新潮书店,1949 年,113 页)

目录	页码
第一部 在亚尔培路二号	
第一章 缘起	1
第二章 第一夜	9
第三章 二号囚室	33
第四章 人多起来了	58
第五章 集体生活	80
第六章 中秋佳节	94

杨力、费铁:《当心,匪特造谣!》

(上海:文化工作社,1951 年,70 页)

目录	页码
"戏曲丛书"第五辑前记	1
当心,匪特造谣! (活报剧)杨力	3
后记	24
路 (独幕剧)费铁	27
代后记	68

贾植芳:《贾植芳小说选》

(南京:江苏人民出版社,1983 年,266 页)

目录	页码
小引 (何满子)	1
人的悲哀	1
嘉寄尘先生和他的周围 ＊内文篇名:嘉寄尘先生和他的周围——中条山的插话	24
人生赋	41
剩余价值论	57
我乡	66
理想主义者	79
更下	91

目录	页码
草黄色的影子	98
一幅古画	110
在亚尔培路二号 ＊内文篇名:在亚尔培路二号——一个人和他的记忆	138
人的斗争 ＊内文篇名:人的斗争——《一个人和他的记忆》续篇	233
血的记忆	244
歌声	255
编后记	263

贾植芳:《悲哀的玩具——贾植芳作品选》

(太原:北岳文艺出版社,1991 年,270 页)

目录	页码
且说说我自己(代序)	1

散文·诗

1.记忆	7
2.神户急行列车	11
3.悼黄浪萍君	19
4.距离	22
5.沉闷期的断想	25
6.黑夜颂	32
7.掘墓者	36
8.窗外	40
9.在寒冷的上海	42
10.魔术班子	45
11.热力	48
12.悲哀的玩具	52
13.蛇	54
14.夜间的遭遇	57
15.美丽的早晨	61
16.笔颂 ＊内文篇名:笔颂——致老友	63
17.关于尼采的事 ＊内文篇名:关于尼采的事——一篇旧文的回忆,内文另附《旧时代的回忆和告别——关于〈晨曦的儿子——尼采传〉》	65
18.为了不能忘却的纪念	71
19.花与鸟	74
20.我的第一篇小说	78
21.怀念丸善书店 ＊内文篇名:怀念丸善书店——海外散记之一	82
22.我在中条山的抗战生活	91
23.悲痛的告别——回忆胡风同志	95
24.遗失的原稿	107

目录	页码
25.旧事重提——记胡风的一首旧体诗	112
26.记还珠楼主——李寿民先生	115
27.我的难友邵洵美	122
28.我的老乡——王瑶先生	133
29.在国民党的监狱中	140
30.我的读书记	155
31.忆覃子豪	162
小说	
32.人的悲哀	179
33.人生赋	203
34.歌声	220
35.我乡	229
剧本	
36.家(一幕悲剧)	242
37.我的戏剧观	264
编后记	268

贾植芳:《劫后文存——贾植芳序跋集》

(上海:学林出版社,1991年,201页)

目录	页码
前记	1
第一辑(＊内文题目没有目录上的日期)	
《热力》序言(1948年深秋)	3
《热力》后记(1948年深秋)	5
《近代中国经济社会》前言(1949年1月)	7
旧时代的回忆和告别——关于《晨曦的儿子——尼采传》(1949年4月)	9
《近代中国经济社会》再版序言(1949年11月)	14
《住宅问题》译者前言(1949年8月)	16
《契诃夫手记》译者前记(1952年9月)	19
《俄国文学研究》排印后记(1954年5月)	22
《契诃夫手记》新版题记(1981年3月)	25
《贾植芳小说选》编后记(1983年4月)	30
《巴金研究资料专集》后记(1983年4月)	34
《巴金作品评论集》编后记(1984年7月)	38
博彩众花　以酿己蜜——《中国现代文学研究译丛》总序(1984年12月)	41
《热力》新版题记(1985年3月)	47
《中国现代文学社团流派》序(1987年3月)	51

目录	页码
第二辑	
《比较文学导论》序(1983年8月)	59
《中国现代文学作品选》序(1984年7月)	63
《余上沅戏剧论文集》序(1984年8月)	70
《巴金论稿》序(1984年9月)	75
《写给爱人的信——中国现代作家家书集》序(1985年4月)	79
范译《中国孤儿》中译本序(1985年春)	82
《中国通俗小说书目修订稿》中译本序(1985年8月)	89
《比较文学的理论与实践》译文集序(1986年3月)	92
《艺海一勺》序(1986年7月)	96
《一个探索美的人》序(1986年11月)	100
《中国当代短篇小说选》英译本序言(1986年)	107
《中国现代文学辞典》序(1986年春)	111
《三十年代在上海的"左联"作家》序(1987年2月)	115
《中国现代文学大辞典》序(1987年4月)	120
《报告文学春秋》序(1987年5月)	124
《五四爱情小说选》序(1987年5月)	129
《屠格涅夫与中国——二十世纪中外文学关系研究》序(1987年6月)	133
《中国现代文学作者笔名录》序(1987年6月)	137
《巴金年谱》序(1987年11月)	141
记还珠楼主——《独手丐》等武侠小说总序(1988年3月)	145
《中国现代通俗文学文库》总序(1988年2月)	151
《中国现代十大流派诗选》序(1988年3月)	156
《郁达夫年谱》序(1988年8月)	160
《东方专制主义》序(1988年11月)	164
《新月散文十八家》序言(1989年2月)	168
一个跨代诗人的历史命运——《勃留索夫日记钞》中译本前记(1989年4月)	171
《中西比较文学研究》序(1990年1月)	177
《人类学导论》序(1990年3月)	180
《文学鉴赏学》序(1990年7月)	183
《在山那边有个好地方》序(1991年1月)	187
《牛津格言集》中译本序(1991年1月)	191
《一个人格的发展:巴金传》序(1991年3月)	194
附录　中国士人之鉴——读鲁迅《中国小说史略》札记(1987年12月)	196
编后记　孙乃修	199

贾植芳:《狱里狱外》

(上海:上海远东出版社,1995 年,214 页)

目录	页码
序	1
引言	1
狱外记	
走出一个监狱	3
阁楼上——隐居之一	9
大海边——隐居之二	18
古城的早春	31
乍暖还寒时候(一)	42
乍暖还寒时候(二)	56
京上阴云	70
一九五五:又进入一个监狱	79
狱中记	
入狱	96
狱中沉思:在门槛上	100
狱中沉思:我与胡风(一)	116
狱中沉思:我与胡风(二)	138
旧景重访	151
做知识分子的老婆	166
狱友邵洵美	176
判决	186
附录:流放手记之一——山西(任敏)	193
侯村(一)	193
抄家及其他	197
探亲(一)	201
探亲(二)	206
侯村(二)	209
后记	213

贾植芳:《狱里狱外》

(香港:天地图书有限公司,2001 年,259 页)

目录	页码
新版题记	I
序	V
引言	1
狱外记	3

目录	页码
走出一个监狱	4
阁楼上——隐居之一	10
大海边——隐居之二	20
古城的早春	32
乍暖还寒时候(一)	44
乍暖还寒时候(二)	59
京上阴云	74
一九五五:又进入一个监狱	85
狱中记	101
入狱	102
狱中沉思:在门槛上	108
狱中沉思:我与胡风(一)	125
狱中沉思:我与胡风(二)	147
旧景重访	161
做知识分子的老婆	176
狱友邵洵美	187
判决	197
附录一:流放手记之一——青海(任敏)	205
一、初到青海	205
二、在化隆的一所小学	207
三、在化隆的监狱里	209
:流放手记之二——山西(任敏)	214
一、侯村	214
二、抄家及其他	218
三、探亲(一)	222
四、探亲(二)	227
五、侯村	230
附录二:上海是个海——我在上海的生活史(贾植芳)	234
后记	258

贾植芳:《暮年杂笔》

(上海:汉语大词典出版社,1997 年,290 页)

目录	页码
前记	1

故人旧事

怀念丸善书店	3
记胡风的一首悼念鲁迅的诗	11
记还珠楼主	14

目录	页码
我的老乡王瑶先生	20
忆覃子豪	26
我与胡风同志相濡以沫的情谊	41
悼念陈仁炳先生	56
悼日本友人相浦杲教授	62
萧军印象	67
我与陈瘦竹先生的交游	72
胡风的《洒醉花赞——忆贾植芳》诗	76
纪念我的朋友卢杨(克绪)先生	80
一双明亮的充满智慧的大眼睛 *内文篇名:一双明亮的充满智慧的大眼睛 　　——为《路翎文论集》而序	85

自画像

我的第一篇小说	95
遗失的原稿	99
且说说我自己	103
我的读书记	109
我的戏剧观	115
我话老年	119
我的称谓忆旧	122
世纪印象——一个老年人的自述	126

随笔与杂感

温故而知新	133
笔颂 *内文篇名:笔颂——致老友	136
花与鸟	138
中外所见略同而又不可同论	142
学而时习之,不亦说乎	145
由两个小男孩想到的	147
上海是一个海	150
关于读书	153
一个老读者的祝贺	156
刚强之美——看杨海伦画展	160
曲阜行	162

讲演录

| 我看陀思妥耶夫斯基 | 167 |
| 中国留日学生与中国现代文学 | 173 |

序和跋

| 《三国演义》新版序 | 193 |
| 《劫后文存》前记 | 197 |

目录	页码
《山西文学史》序	199
《中国文学史料学》序	203
《天声人语——日本散文选》序	206
《新文学作家与外国文化》序	210
《历代名家尺牍新钞》序	215
《勃留索夫日记钞前记》之后记	219
《新月下的夜莺——徐志摩传》序	221
《人道主义与中国现代文学》序	223
《郁达夫研究》中译本序	225
《城市情感》序	228
《中国现代文学总书目》序	232
《20世纪学者散文百家》序	238
探索中国比较文学的发展前途——《比较文学与翻译研究》序	242
《抗战时期的上海文学》序	247
《艺术的失落》序	250
《中华对联大典》序	253
《姑苏书简》序	257
《狱里狱外》自序	261
《洋教士看中国朝廷》译序	263
一部发人深省的历史记录——《苏门答腊的郁达夫》中译本序	268
《人之子——耶稣传》中译本序	273
《巴金的世界》序	276
历史的经验值得注意——晓风著《胡风传》序	280
编后记	284

贾植芳:《雕虫杂技》

(太原:山西教育出版社,1998年,212页)

目录	页码
《契诃夫手记》译者前记	1
《契诃夫手记》新版题记	4
蝎子过河——新寓言	9
犹大,你又该走运了	12
《贾植芳小说选》编后记	13
《热力》新版题记	17
《写给爱人的信——中国现代作家家书集》序	21
范译《中国孤儿》中译本序	24
《中国通俗小说书目修订稿》中译本序	30
建设新时期的民间文学事业	33

目录	页码
悲痛的告别——回忆胡风同志	36
我在中条山的抗战生活	46
遗失的原稿	49
他的文学生命就是真实	53
《一个探索美的人》序	57
我看电视剧《春蚕》《秋收》《残冬》——兼谈名著改编的若干问题	63
《屠格涅夫与中国——20世纪中外文学关系研究》序	66
《中国现代文学作者笔名录》序	69
《中国左翼文学思想探源》学术评议	72
《中国现代通俗文学文库》总序	74
记还珠楼主——李寿民先生	79
《郁达夫年谱》序	84
《东方专制主义》中译本题记	88
开放与交流	92
在国民党监狱中	94
中国比较文学第三届年会暨国际学术会议开幕词	106
为有志于文学者进一言	109
《中国现代文学思潮研究》序	111
《现代文学散论》序	113
《中西喜剧研究》序	116
《新文学作家与外国文化》序	120
《古今文学名著描写辞典》序	125
《中国文学大辞典》打破封闭格局	128
我的写作生涯	130
在生活大学读书	132
《鲁迅的创作与尼采的箴言》序	134
《妙言剪贴簿》序	138
做知识分子的老婆	140
一个普通商人之死	149
狱中沉思：在门槛上	153
《中国学者散文百家》序	170
当代文学研究的新高度——读《新中国文学词典》	173
《反思与原型：中国现代文学比较研究》序	176
征服者的悲哀——谈长篇小说《海王》	179
旧话重提	181
别具一格的"教授小说"——读智量的《饥饿的山村》	183
《世界历代禁书大全》序	186
开掘现代通俗文学的研究宝库	189

目录	页码
《昨日丛书》总序	191
应该写在前面的几句话——关于路翎的七首佚诗	193
《危机与复兴:白银时代俄国文学论稿》序	194
祝贺与感谢——《中国近代文学大系》出版感言	196
他从生活的深处走来——介绍郑伟平的三本书	199
《狱里狱外》新版题记	202
认识鲁迅	205
她是一个真实的人——悼念戴厚英	207

贾植芳:《历史的背面——贾植芳自选集》

(济南:山东教育出版社,1998 年,695 页)

目录	页码
代序	1
辑一　且说说我自己	
《热力》序言(1948 年深秋)	3
《热力》后记(1948 年深秋)	5
《贾植芳小说选》编后记(1983 年 4 月)	7
我的第一篇小说(1984 年 11 月)	12
《热力》新版题记(1985 年 3 月)	16
遗失的原稿(1986 年 3 月)	20
且说说我自己(1989 年 6 月)	25
我的读书记(1990 年 5 月)	31
我的戏剧观(1990 年 5 月)	38
我和社会学(1990 年 10 月)	42
我与胡风先生的交游史(1990 年 10 月)	52
《悲哀的玩具》编后记(1990 年 11 月)	67
《劫后文存》前记(1991 年 3 月)	70
我的称谓忆旧(1992 年 5 月)	73
我的写作生涯(1992 年 7 月)	77
一个老年人的自述(世纪印象)(1993 年 10 月)	80
《狱里狱外》序(1995 年 1 月)	85
《狱里狱外》后记(1995 年 1 月 16 日)	87
《暮年杂笔》前记(1996 年 7 月)	89
《狱里狱外》新版题记(1996 年 8 月 7 日)	92
辑二　历史的经验值得注意	
温故而知新(1980 年 10 月 2 日)	97
中外所见略同又不可同论(约 1985 年)	101
纪念余上沅先生——《余上沅戏剧论文集》序(1984 年 8 月)	104

目录	页码
《一个探索美的人》序(1986 年 11 月)	110
记还珠楼主李寿民先生——《独手丐》等武侠小说总序(1988 年 3 月)	118
我的难友邵洵美(1989 年 5 月)	125
我的老乡王瑶先生(1989 年 12 月 24 日)	135
忆覃子豪(1990 年 8 月)	142
一段难以忘却的记忆——悼念陈仁炳先生(1991 年 3 月)	159
跨越大海的哀思——悼念日本朋友相浦杲教授(1991 年 3 月 22 日)	165
萧军印象(1991 年 4 月 21 日)	169
我与陈瘦竹先生的交游(1992 年)	174
迟到的悼念——纪念一位值得纪念的朋友卢杨(克绪)先生(1993 年 8 月)	178
"历史的经验值得注意"——晓风著《胡风传》序(1995 年 10 月 18 日)	184
一双明亮的充满智慧的大眼睛——为《路翎文论集》而序(1996 年 7 月)	189
她是一个真实的人——悼念戴厚英(1996 年 12 月)	197
《庄涌和他的诗》序(1997 年 2 月 20 日)	204
《芳草斜阳忆行踪》序(1997 年 4 月)	207

辑三 从清理重灾区入手

《郭沫若研究资料》审读意见(约 1982 年 4 月)	217
《中国当代文学研究资料·巴金专集》后记(1983 年夏)	225
《巴金作品评论集》编后记(1984 年 7 月)	229
《中国现代文学作品选》序(1984 年 7 月)	233
《巴金论稿》序(1984 年 9 月 1 日)	241
瞿秋白对中国无产阶级文艺理论和文艺批评的开拓性贡献(1984 年 10 月)	246
《中国通俗小说书目修订稿》中译本序(1985 年 8 月)	259
《中国当代短篇小说选》英译本序言(1986 年)	262
《中国现代文学词典》序(1986 年春)	267
他的文学生命就是真实——在赵树理诞辰 80 周年纪念大会暨第二届赵树理学术讨论会上的发言(1986 年 9 月)	271
《中国现代文学社团流派》序(1987 年 3 月)	275
《中国现代文学作者笔名录》序(1987 年 6 月)	281
《中国现代文学史参考资料》出版百种纪念(1988 年 2 月发表)	285
《中国现代通俗文学文库》总序(1988 年 2 月)	287
《郁达夫年谱》序(1988 年 8 月)	293
从清理重灾区入手(1989 年 5 月 27 日发表)	298
与查志华谈"现代都市小说"(1989 年 6 月发表)	301
关于胡风的文艺思想(1990 年 10 月)	309
六十年来中国现代文学史研究一瞥(1990 年 10 月)	319
十年来中国小说之发达(1990 年 10 月)	339
《人格的发展·巴金传》序(1991 年 3 月 23 日)	356

目录	页码
《新月下的夜莺·徐志摩传》序(1992 年 12 月)	359
《中国现代文学总书目》序(1993 年 8 月)	362
一部发人深省的历史实录——《苏门答腊的郁达夫》中译本序(1995 年 11 月 2 日)	369
《缀网劳蛛》序(1996 年 6 月 20 日)	374
《中国近代文学大系》出版感言(1996 年 9 月 26 日发表)	377
《二十世纪中国文学研究书系》总序(1997 年 8 月 6 日)	380

辑四　开放与交流

中国新文学作家与外国文学的关系——以茅盾为例(约 1981 年)	387
《外来思潮和理论对中国现代文学的影响资料(1928—1949)》审读意见(1983 年 1 月 5 日)	399
《比较文学导论》序(1983 年 8 月)	429
中国比较文学研究的过去　现在与将来(1984 年 7 月)	434
博采众花　以酿己蜜——《中国现代文学研究译丛》总序(1984 年 12 月)	444
比较文学的由来和发展(1985 年 1 月 31 日发表)	451
范译《中国孤儿》序(1985 年春)	457
《比较文学的理论与实践》译文集序(1986 年 3 月)	465
《屠格涅夫与中国——二十世纪中外文学关系研究》序(1987 年 6 月)	469
中国新文学与传统文学(1987 年 12 月发表)	473
《牛津格言集》序(1991 年 1 月 31 日)	491
开放与交流(1991 年 2 月发表)	494
《新文学作家与外国文化》序(1991 年 9 月 29 日)	497
《比较文学与翻译研究》序(1993 年 10 月)	503
在"中国文化与世界"学术研讨会开幕式上的致词(1995 年 5 月)	508
中国近现代留日学生与中国新文学运动(1996 年 3 月)	511
《比较文学》序(1997 年 1 月 23 日)	530
我的感想与感谢——祝贺《中国比较文学》改刊一周年(1997 年 10 月 8 日)	534

辑五　回归与超越

《近代中国经济社会》前言(1949 年 1 月)	539
旧时代的回忆和告别——关于《晨曦的儿子——尼采传》(1949 年 4 月)	541
《住宅问题》译者前言(1949 年 8 月 1 日)	546
《近代中国经济社会》再版序言(1949 年 11 月 11 日)	550
谈利用小说作材料来改编剧本——以《钢铁是这样炼成的》第六场为例(1951 年 2 月 19 日发表)	552
果戈理和我们(1952 年 3 月 4 日发表)	567
《契诃夫手记》译者前记(1952 年 9 月)	572
伟大的人文主义者拉伯雷(1953 年 8 月)	575
《俄国文学研究》排印后记(1954 年 5 月初)	580

目录	页码
"用爱和信念劳动"——纪念契诃夫逝世五十周年(1954年5月16日)	583
《契诃夫手记》新版题记(1981年3月)	591
我看陀思妥耶夫斯基——在陀思妥耶夫斯基讨论会上的讲话(1986年2月)	597
我看电视剧《春蚕》《秋收》《残冬》——兼谈名著改编的若干问题(1987年3月10日发表)	604
《东方专制主义》中译本题记(1988年11月)	608
一个跨代诗人的历史命运——《勃留索夫日记钞》中译本前记(1989年4月)	612
永远不会过时的事业——在中华文学史料学学会常务理事扩大会议上的致辞(1993年6月19日)	619
回归与超越——与俞仪方谈中国现代知识分子命运(1994年1月13日发表)	624
上海通俗文艺研究会成立大会开幕词(1995年4月8日)	627
《人之子——耶稣传》中译本序(1995年6月6日)	631
《危机与复兴——白银时代俄国文学论稿》序(1996年6月)	634

附辑　别人眼中的自己

胡风:酒醉花赞——怀贾植芳	639
潭清:为人拓路 为人凿梯——访贾植芳教授(1982年10月28日发表)	643
何满子:"这不是个人的文字事业"——《贾植芳小说选》小引(1983年4月)	646
晓明:贾植芳先生其人其事(1989年8月发表)	651
伊藤虎丸:贾植芳先生欢迎会闭会致词(1990年10月19日)	654
应红:我眼中的风景——贾植芳先生散记(1991年10月30日发表)	656
张新颖:贾植芳先生的乐观和忧愤(1996年12月15日)	662
陈思和:留给下一世纪的见证(1997年3月15日)	667
汪凌:在历史旋涡中挺立——记复旦大学贾植芳教授	674
褚潇白:永远的年轻人——贾植芳先生侧记(1997年6月18日发表)	679
吴中杰:把"人"字写得端正(1997年9月25日)	685
编后记　张业松	691

贾植芳、任敏:《解冻时节》

(武汉:长江文艺出版社,2000年,469页)

目录	页码
"历史备忘书系"总序　李辉	1
自序	1
解冻时节(代序)　李辉	7
写给任敏	1
平反日记	141
流放手记　任敏	425
1.失去的与抄去的岁月	427

目录	页码
2.我在监牢的日子	430
3.在青海——流放回忆	436
4.在山西——流放回忆	446
5.探亲记	454
6.侯村	463
整理后记　刘志荣	467

贾植芳:《写给学生》

（郑州:大象出版社,2000 年,252 页）

目录	页码
我眼中的风景(代序)——贾植芳先生散记　应红	1
写在前面的几句话	9
致范伯群(二封)	1
致曾华鹏(二封)	4
致张德林、陈秀珠(一封)	9
致王圭祥(三封)	10
致赵博源(一封)	14
致孙景尧(五封)	16
致谢天振(五封)	23
致陈思和(十封)	33
致李辉(三十五封)	49
致孙乃修(二十三封)	114
致任一鸣(五封)	155
附录:学生眼中的老师	
陈思和:殊途同归终有别——记贾芝与贾植芳先生	167
陈思和:留给下一世纪的见证	191
李辉:解冻时节——贾植芳和他的家书	201
宋炳辉:《暮年杂笔》编后记	218
张新颖:贾植芳先生的乐观和忧愤	222
汪凌:道之传如涓涓清流	228
柳珊:平平淡淡总是真——我所认识的贾植芳先生	242

贾植芳:《不能忘却的纪念——我的朋友们》

（上海:上海文化出版社,2001 年,177 页）

目录	页码
序	1
我与胡风先生的交游史	1
纪念余上沅先生	16

目录	页码
范希衡先生和《中国孤儿》	22
悼念施昌东	29
记还珠楼主	36
我的难友邵洵美	42
我的老乡王瑶先生	52
忆覃子豪	59
一段难以忘却的记忆——悼念陈仁炳先生	76
跨越大海的哀思——悼念日本朋友相浦杲教授	82
萧军印象	86
我与陈瘦竹先生的交游	91
迟到的悼念——纪念一位值得纪念的朋友卢杨(克绪)先生	95
一个普通商人之死	101
"历史的经验值得注意"——晓风著《胡风传》序	105
我的后来者——潘世兹先生	110
一双明亮的充满智慧的眼睛	116
她是一个真实的人——悼念戴厚英	123
怀念庄涌——《庄涌和他的诗》序	130
忆尚丁	132
一位值得纪念的长者——郑超麟先生	139
忆林同济先生与杨必女士	147
背影——悼念公木先生	152
回忆王中	157
我的三个朋友	162
附:我眼中的风景——贾植芳先生散记　应红	172

贾植芳:《贾植芳致胡风书札》

(杭州:华宝斋书社,2001年,106页)

目录	页码
致胡风书信(一九三八年四月二十一日)	1
致胡风书信(一九三八年五月八日)	3
致胡风书信(一九三八年六月四日)	5
致胡风书信(一九三八年六月十三日)	7
致胡风书信(一九三八年十月十四日)	9
致胡风书信(一九三九年一月五日)	15
致胡风书信(一九三九年四月十四日)	19
致胡风书信(一九三九年五月二十二日)	23
致胡风书信(一九三九年六月二十七日)	24
致胡风书信(一九三九年八月十六日)	26

目录	页码
致胡风书信(一九三九年十月十日)	31
致胡风书信(一九三九年十月二十一日)	35
致胡风书信(一九三九年十一月十三日)	37
致胡风书信(一九三九年十一月二十九日)	39
致胡风书信(一九三九年十二月十六日)	41
致胡风书信(一九四〇年一月二十七日)	43
致胡风书信(一九四〇年三月七日)	45
致胡风书信(一九四〇年四月十八日)	48
致胡风书信(一九四〇年五月十四日)	52
致胡风书信(一九四三年二月二十一日)	54
致胡风书信(一九四四年四月三十一日)	58
致胡风书信(一九四四年八月十二日)	61
致胡风书信(一九四六年四月十二日)	63
致胡风书信(一九四六年五月十五日)	65
致胡风书信(一九四六年五月二十一日)	67
致胡风书信(一九四七年六月二十一日)	68
致胡风书信(一九五三年九月二十一日)	69
致胡风书信(一九五三年十一月二十三日)	70
致胡风书信(一九五四年七月三十一日)	71
致胡风书信(一九五四年九月八日)	73
致胡风书信(一九五四年十一月二十日)	76
释文	79

贾植芳:《老人老事》

(郑州:大象出版社,2002年,301页)

目录	页码
前记	1
1987	
中国士人之鉴——读鲁迅《中国小说史略》札记(12月)	1
1989	
我的难友邵洵美(5月)	4
1990	
我与胡风先生的交游史(10月)	14
1992	
书与我(12月17日)	29
1995	
"历史的经验值得注意"——晓风著《胡风传》序(10月18日)	32

目录	页码

1997

"他们人还在,心不死"——《芳草斜阳忆行踪》序(4月)   37

1998

皮鞋的故事——暮年杂忆(4月)   44

纪德《从苏联归来》新译本序(4月)   48

找回另一只翅膀——《鸳鸯蝴蝶派散文大系》再版感言(5月10日)   59

《踩在几片文化上——张承志新论》序(6月)   63

一道醒目的历史风景——《上海现代文学史》序(7月上旬)   67

为姜云生《细读自己》序(8月)   69

我的两位值得纪念的朋友——林同济先生和杨必女士(8月)   74

《鲁迅与高长虹》序(9月下旬)   80

《在历史的背面》——关于自选集的自序(秋)   84

向中学生推荐一本书——《西游记》(11月初旬)   87

探索翻译研究的新领域——为谢天振教授的新著《译介学》而序(11月)   90

上海是个海(12月)   95

1999

1979年进京记(1月)   118

我的祝贺与祝福——为韩国《国际中国学研究》而序(2月1日)   142

历史的悲剧,悲剧的历史——为刘挺生的《思索着雄大理想的旅行者
——路翎传》而序(2月)   146

《给任敏的信(1972—1978)》——写在前面的话 (3月)   153

背影——悼念公木先生(3月中旬)   156

回忆王中(5月)   161

贾植芳、胡守钧谈鲁迅(5月30日)   166

反思的历史,历史的反思——为《中国近现代通俗文学史》而序(6月中旬)   174

《狱里狱外》新版题记(6月下旬)   180

我看《米舒书话》(6月29日)   184

我的三个朋友——《契诃夫手记》新版后记(夏)   188

友谊与感情的结晶——《写给学生》序(7月18日)   198

兼跨两个领域——《春天的色彩》序(8月6日)   201

《中国近代散文精粹类编》序言(秋)   203

我与比较文学——应《中国比较文学》约稿而作(10月23日)   206

两个倔强的灵魂——为秋石新作《萧红与萧军》写序(11月15日)   212

贾植芳、胡守钧谈胡风(12月)   225

《解冻时节》自序(12月24日)   241

2000

新世纪第一天日记抄(1月1日)   248

目录	页码
我是一条龙(1 月 30 日)	251
看哪,这人——《尼采在中国》序(2 月 2 日)	253
《中西比较文化论》序——一部开拓创新的研究专著(4 月 8 日)	257
周作人新论——《一个中国人的文学观——周作人的文艺思想》中译本序 (6 月 6 日)	261
《为了不能忘却的纪念——我的三朋五友》序(6 月 9 日)	265
孔海珠《"左联"史料新探》序(10 月)	268
我的读书观(10 月)	273

2001

《中国近代经济社会》新版题记(2 月 12 日)	279
一个不能忘却的朋友——范泉(3 月 19 日)	283
《年轮——四十年代后半期的上海文学》序(9 月 2 日)	289
走向大众的美学——《大众美学 99》序(10 月中旬)	294
编后记　蔡春华	299

贾植芳:《世纪老人的话:贾植芳卷》(采访人:沈建中)

(沈阳:辽宁教育出版社,2003 年,345 页)

目录	页码
策划人语	
贾植芳先生小传	1
访谈实录	4
贾植芳先生年谱初编	260
追寻逝去的个体历史和文化形态的阅读(代跋)	334

贾植芳:《早春三年日记(1982—1984)》

(郑州:大象出版社,2005 年,364 页)

目录	页码
一九八二	1
一九八三	113
一九八四	245

贾植芳:《历史背影》

(南京:江苏文艺出版社,2008 年,163 页)

目录	页码
关于胡风	
我与胡风先生的交游史	1
悲痛的告别——回忆胡风同志	13
"历史的经验值得注意"——晓风著《胡风传》序	23

目录	页码
关于梅志	
悼念梅志先生	27
关于巴金	
一点记忆，一点感想——悼念巴金先生	29
关于邵洵美	
我的难友邵洵美	33
"人生何处不相逢"——《邵洵美文集》序	41
关于郑超麟	
一位值得纪念的长者——郑超麟先生	44
关于余上沅	
纪念余上沅先生	51
关于萧军	
萧军印象	56
关于还珠楼主	
记还珠楼主	60
关于周瘦鹃	
我看周瘦鹃和鸳鸯蝴蝶派	65
关于范希衡	
范希衡先生和《中国孤儿》	68
关于陈瘦竹	
我与陈瘦竹先生的交游	74
关于覃子豪	
忆覃子豪	77
关于路翎	
一双明亮的充满智慧的大眼睛	90
关于庄涌	
怀念庄涌——《庄涌和他的诗》序	96
关于王瑶	
我的老乡王瑶先生	98
关于卢杨	
迟到的悼念	104
关于潘世兹	
我的后来者	108
关于尚丁	
忆尚丁	113
关于范泉	
一个不能忘却的朋友——范泉	118

目录	页码
关于林同济	
忆林同济先生和杨必女士	124
关于王中	
回忆王中	128
关于陈仁炳	
一段难以忘却的记忆——悼念陈仁炳先生	132
关于公木	
背影	137
关于朱锡侯	
纪念老友朱锡侯	141
关于罗平	
歌声——沉痛悼念罗平难友	146
关于施昌东	
悼念施昌东	153
关于戴厚英	
她是一个真实的人——悼念戴厚英	159

二、学术专著/论著

贾植芳:《近代中国经济社会》

(沈阳:辽宁教育出版社,2003年,281页)

* 另存版本为:1949年(第一版)(上海:棠棣出版社,1949年,297页)

1950年(上海:棠棣出版社,1950年,297页)

2013年(长沙:岳麓书社,2013年,282页)

2017年(太原:北岳文艺出版社,2017年,250页)

目录	页码
新版题记	
再版序言	
前言	
序编　清代国家之一般论述	
一　起点——封建军事国家	3
二　军事费的容量	8
三　军事费的社会经济史的意义	10
第一　货币地租与矿山事业之关联	11
第二　版图扩大与国内市场形成之联系	13
第三　官营军事工业(吉林造船厂)之创设及因此所引起之若干问题	15
第一编　清代国家之经济政策	
第一章　产业政策	21

目录	页码
第一节　清朝开矿政策消极化的第一要因	22
分析(一)自原料资源视点论矿山业意义	25
分析(二)清代煤坑业之地位	27
第二节　清朝开矿政策消极化的第二要因(清朝产业政策的限界)	30
A.分析的素材——有关矿政的六道上谕及奏折	30
B.素材之分析——清朝保守主义的物质的根据	32
第二章　租税政策	37
第一节　作为军事财源的矿税	39
A.分析之素材——关于以矿税充当军事财源的五道上谕及上奏	40
B.素材之分析	41
第一、实物租税与货币租税之竞争及其社会的根据	41
第二、铸造制钱原料的铜铅及其所引起的诸问题(鸦片战争的开端)	51
第二节　作为军事财源的盐税	61
A.问题之端绪——云贵总督林则徐奏稿	61
B.云南盐业的形态及其约制发展之诸要因(清代盐业之另一方向)	67
第三节　作为军事财源的关税	76
A.分析素材第一段——关于设置关税目的的六道上谕	76
B.分析素材第二段——关于以关税充当军事费的二道上谕	77
C.素材之分析	78
第一、出洋贸易担当者的二阶层人民	78
第二、军事费本省自办主义	80
第三、关税充当军事费之意味的根据(外国贸易国家管理之必然性)	81
分析(一)国家管理外国贸易之再论证(清代闭关说评判)	89
分析(二)海关之对外勒索＝苛税(鸦片战争之一祸根)	92
分析(三)清朝的外国贸易思想(世界经济观念)	96
分析(四)外国贸易通路——广州一港限定的社会根据	103
第二编　清代社会构成	
第一章　清代商人之范畴	111
第一节　清代商人之类型及其致富与伦理	111
第二节　广东十三行	114
(一)本质的做官志向	114
(二)公行之基尔特统制(清代基尔特之一方向)	122
第三节　买办	134
第二章　清朝的政治形态	140
第一节　起点	140
第二节　清代政治骚动的三种形态	145
(一)皇位继承骚动	145
(二)重臣层的权力争霸	148

目录	页码
(三)改革骚动(戊戌政变)	151
第三节 清代官吏论	160
(一)私财之积蓄及其泉源	160
(二)官吏企业体之国家的限界	168
(三)官吏的根源(中国智识分子的史论)	173
(四)官吏身份的浮动性	179
第四节 官吏企业体与民间资本(官界对于民间资本的本质的嫌忌)	182
第三编 清末产业的诸系列	
第一章 清末的制造业	195
第一节 茶业	195
A.茶业考察之经济史的意义	195
B.生产形态	211
第二节 棉业	217
A.清末棉业前史	217
B.生产形态	222
第三节 绸业	228
A.绸业的地位	228
B.生产形态	235
第四节 窑业	239
A.磁器的地位	239
B.生产形态	240
总括 制造业之型类及其发展之法则与限界	244
(一)苛税(保护政策＝外在的发展要因的缺乏)	245
(二)家计补充的副业规模(生产力发展＝内在的发展要因之缺乏之一)	249
(三)国内市场的狭隘(内在的发展要因之缺乏之二)	249
(四)商人的产业支配(内在的发展要因之缺乏之三)	250
补论 十八世纪中叶以降奖励农村副业＝普及家内工业的根据	251
第二章 清末的新产业	256
第一节 近代的旋回(起点＝林则徐)	256
第二节 官营军事工业的勃兴	260
(一)新官僚的旋回观点(左宗棠、曾国藩、李鸿章)	260
(二)新产业的经营	268
第三节 新产业的发展限界及其主体的条件	275
(一)官吏企业体的保守性	275
(二)近代的国民国家观念未成熟(一九一一年出现的庄严意义)	278

三、翻译

[日本] 西泽富夫等著,贾植芳译:《人民民主主义的长成与发展》

(上海:棠棣出版社,1950 年,318 页)

目录	页码
前言	
(一)保加利亚	
一　解放前的状态	1
二　反法西斯民族解放斗争	7
三　社会经济构造的变革	14
四　确立人民民主主义的斗争	36
五　新的国家机关的建设	49
六　向社会主义的推进和工人党与祖国战线	55
七　结论——关于人民民主主义	61
(二)波兰	
一　围绕着人民权利之树立的斗争	66
二　社会经济的变革与经济复兴	87
三　人民民主主义政权的强化	106
(三)捷克斯洛伐克	
一　解放前的状态	130
二　反法西斯的民族解放斗争	132
三　人民民主主义的成立	144
四　民族战线	146
五　新国家的权力机关	153
六　人民民主主义的经济改革	158
七　斯洛伐克问题	171
八　民族战线的强化	173
九　人民民主主义发展的展望	185
(四)匈牙利	
一　解放前的状态	190
二　民主势力的跃进和反动的攻势	193
三　争夺政权的激烈斗争时期	205
四　向人民民主主义前进	218
五　人民民主主义的现阶段	228
(五)罗马尼亚	
一　解放前的状态	235
二　人民民主主义政权成立过程	238
三　人民民主主义的确立	248

目录	页码
四　经济政策	257
五　人民共和国的成立	266
六　达朗西瓦尼亚问题	270
（六）南斯拉夫	
一　导言	274
二　解放前的状态	276
三　民族解放斗争经过	278
四　新政体建设过程	287
五　南斯拉夫共产党问题	296
附录：共产党情报局一九四九年十一月廿九日公布的关于铁托匪帮的决议	311

[苏联] C.Д.巴鲁哈蒂著,贾植芳译:《契诃夫的戏剧艺术》

（上海：文化工作社，1951 年，206 页）

* 另存版本为：1953 年（上海：中国图书发行公司，1953 年，206 页）

目录	页码
第一章　契诃夫所走的道路	1
第二章　契诃夫的诸戏剧	41
第三章　论《樱桃园》	83
第四章　结论	145
附录一：契诃夫年谱　A.迪尔蒙著	165
附录二：关于契诃夫与艺术剧院　方典著	181
译后记	205

[德国]恩格斯著,贾植芳译:《住宅问题》

（上海：泥土社，1951 年，149 页）

目录	页码
译者前言	1
原序	1
第一篇 蒲鲁东是怎样解决住宅问题的？	1
第二篇 资产阶级是怎样解决住宅问题的？	41
第三篇 关于蒲鲁东及住宅问题的补遗	103
出版者言	149

[捷克]E. E. 基希著,贾植芳译:《论报告文学》

（上海：泥土社，1953 年，74 页）

目录	页码
一种危险的文学样式	3
"列宁同志问候你"	11

目录	页码
附录:基希及其报告文学　T.巴克著　张元松译	27
出版者的话　泥土社编辑部	73

[俄国] 契诃夫著,贾植芳译:《契诃夫手记》(第一版)
(上海:文化工作社,1953 年,201 页)

目录	页码
译者前记	卷首
手记	3
题材·凝想·杂记·断片	143
日记	165
附录一:契诃夫的临终　奥尔加·克宜碧尔·契诃娃著	183
附录二:契诃夫和他的作品中的题材　米哈·契诃夫著	187

[俄国] 契诃夫著,贾植芳译:《契诃夫手记》
* 各版本为:1983 年(杭州:浙江文艺出版社,1983 年,257 页)
2000 年(天津:百花文艺出版社,2000 年,284 页)
2005 年(天津:百花文艺出版社,2005 年,271 页)
2006 年(长沙:湖南文艺出版社,2006 年,280 页)
2007 年(天津:百花文艺出版社,2007 年,300 页)
2009 年(天津:百花文艺出版社,2009 年,271 页)

目录	页码

*1983 年版

新版题记	I
译者前记	IV
手记	1
题材·凝想·杂记·断片	93
日记	109
补遗　江礼旸译	125
附录一:契诃夫的临终	231
附录二:契诃夫和他的作品中的题材	233
附录三:契诃夫年谱	243

*2006 年版(图本)

丛书前言	3
译者新序	9
关于作者	17
手记(1982—1904)	19
题材·凝想·杂记·断片	113

目录	页码
日记(1891—1903)	129
补遗(1891—1904)	145
契诃夫的临终	256
契诃夫和他的作品中的题材	258
契诃夫年谱	268

*2009 年版

新版题记　贾植芳著	1
译者前记	7
手记	3
题材·凝想·杂记·断片	97
日记	113
补遗　江礼旸译	129
附录一　契诃夫的临终　奥尔加·克宜碧尔·契诃娃著	237
附录二　契诃夫和他的作品中的题材　米哈·契诃夫著	239
附录三　契诃夫年谱	249
我的三个朋友　贾植芳著	262

[苏联] 谢尔宾娜等著,贾植芳译:《俄国文学研究》
(上海:泥土社,1954 年,351 页)

目录	页码
拉吉舍夫论　谢尔宾娜	1
戈里鲍耶多夫论　奥尔洛夫	10
普式庚论　布拉果依	24
果戈理论　斯契潘诺夫	33
果戈理和俄国现实主义传统　安德朗尼科夫	49
果戈理和普式庚　布拉果依	67
剧作家的果戈理　杜雷林	74
果戈理在苏联舞台上　戈尔巴诺娃	80
关于《巡按使》的断想　史迁普金娜—古柏尼克	101
我如何扮演乞乞科夫　塔波洛科夫	108
我为《塔拉斯·布尔巴》插画　基布里克	132
别林斯基的美学　塞米如诺娃	137
赫尔琴论　维亭	155
奥加略夫论　《苏联文学》	168
屠格涅夫论　彼得罗夫	171
车尔尼雪夫斯基论　塞都罗夫 卡若犹拉	185
车尔尼雪夫斯基美学的主要特征　谢尔宾娜	196

目录	页码
杜勃洛留波夫的文学批评原理　阿尔克赫波夫	214
涅克拉梭夫论　阿尔克赫波夫	234
萨尔蒂科夫—谢德林论　维斯特谢夫	255
托尔斯泰论　乌斯宾斯基	265
列宁与托尔斯泰　西伦	280
皮沙列夫论　雅罗斯拉夫斯基	290
契诃夫论——关于他的小说《在峡谷中》　高尔基	309
柯洛连科论　柯托夫	316
高尔基论　米哈伊洛夫斯基	331
排印后记　贾植芳	349

四、文集

贾植芳:《贾植芳文集》(四卷)

(上海:上海社会科学院出版社,2004 年)

目录	页码

《贾植芳文集·创作卷》(454 页)

人生赋	1
人的悲哀	3
嘉寄尘先生和他的周围	23
人生赋	37
我乡	52
理想主义者	63
剩余价值论	75
更下	84
热力	91
序言	93
卷一	95
记忆	95
距离	98
卷二	101
沉闷期的断想	101
卷三	109
蛇	109
掘墓者	112

目录	页码
魔术班子	116
窗外	119
悲哀的玩具	121
夜间的遭遇	123
热力	127
黑夜颂	130
卷四	133
悼黄浪萍君	133
在寒冷的上海	136
在寒冷里	139
就是这样的	141
一张照片	143
给战斗者	145
后记	147
人的证据	149
在蒋匪特务机关监狱中的回忆录	150
第一部 在亚尔培路二号	151
第一章 缘起	151
第二章 第一夜	157
第三章 二号囚室	175
第四章 人多起来了	194
第五章 集体生活	210
第六章 中秋佳节	221
集外	237
20世纪30年代	239
神户急行列车	239
家——呈婵娥君之亡灵 （剧本）	246
20世纪40年代	265
草黄色的影子	265
一幅古画	276
美丽的早晨	301
人的斗争——《一个人和他的记忆》续篇	303
20世纪50年代	313
血的记忆	313
20世纪80年代	323
歌声	323
温故而知新	331

目录	页码
蝎子过河——新寓言	334
笔颂——致老友	337
为了不能忘却的纪念	339
花与鸟	342
犹大,你又该走运了	345
中外所见略同又不可同论	346
怀念完善书店——海外散记之一	349
悲痛的告别——回忆胡风同志	357
记还珠楼主——李寿民先生	367
我的难友邵洵美	373
我的老乡——王瑶先生	382
20 世纪 90 年代	388
忆覃子豪	388
我与胡风先生的交游史	403
一段难以忘却的记忆——悼念陈仁炳先生	416
萧军印象	421
我与陈瘦竹先生的交游	425
迟到的悼念——纪念一位值得纪念的朋友卢杨(克绪)先生	428
一双明亮的充满智慧的大眼睛——为《路翎文论集》而序	433
一位值得纪念的长者——郑超麟先生	439
21 世纪 00 年代	446
在那个凄风苦雨的日子里——哭亡妻任敏	446
晓风著《虽九死其犹未悔——我的父亲胡风》序	448

《贾植芳文集·书信日记卷》(547 页)

书信	1
致胡风(1938—1954)	3
写给任敏(1972—1985)	30
日记	155
退休前后(1985—1987)	157

《贾植芳文集·理论卷》(380 页)

中国现当代文学	1
《郭沫若研究资料》审读意见	3
《中国当代文学研究资料·巴金专集》后记	10
《巴金作品评论集》编后记	14
《中国现代文学作品选》序	17

目录	页码
《巴金论稿》序	24
瞿秋白对中国无产阶级文艺理论和文艺批评的开拓性贡献	28
《中国通俗小说书目修订稿》中译本序	39
《中国当代短篇小说选》英译本序言	42
《中国现代文学词典》序	46
他的文学生命就是真实——在赵树理诞辰80周年纪念大会暨第二届 赵树理学术讨论会上的发言	50
《中国现代文学社团流派》序	54
《中国现代文学作者笔名录》序	59
《中国现代文学史参考资料》出版百种纪念	63
《中国现代通俗文学文库》总序	65
《郁达夫年谱》序	70
从清理重灾区入手	74
与查志华谈"现代都市小说"	77
关于胡风的文艺思想	84
六十年来中国现代文学史研究一瞥	93
十年来中国小说之发达	110
《人格的发展·巴金传》序	125
《新月下的夜莺·徐志摩传》序	127
《中国现代文学总书目》序	129
一部发人深省的历史记录——《苏门答腊的郁达夫》中译本序	135
《缀网劳蛛》序	139
《中国近代文学大系》出版感言	141
《二十世纪中国文学研究书系》总序	144
"纪念胡风诞辰100周年暨第二届胡风研究学术讨论会"致辞	148
《左翼·上海1934—1936》序	151
历史的见证——《致胡风书信全编》序	156
比较文学	161
中国新文学作家与外国文学的关系——以茅盾为例	163
《外来思潮和理论对中国现代文学的影响资料(1928—1949)》审读意见	173
《比较文学导论》序	198
中国比较文学研究的过去、现在与将来	202
博采众花 以酿己蜜——《中国现代文学研究译丛》总序	211
比较文学的由来和发展	217
范译《中国孤儿》序	222
《比较文学的理论与实践》译文集序	229
《屠格涅夫与中国——二十世纪中外文学关系研究》序	233

目录	页码
中国新文学与传统文学	237
《牛津格言集》序	252
开放与交流	255
《新文学作家与外国文化》序	257
《比较文学与翻译研究》序	262
在"中国文化与世界"学术研讨会开幕式上的致词	266
中国近现代留日学生与中国新文学运动	269
《比较文学》序	286
我的感想与感谢——祝贺《中国比较文学》改刊一周年	289
外国文学及其他	**293**
《近代中国经济社会》前言	295
旧时代的回忆和告别——关于《晨曦的儿子——尼采传》	297
《住宅问题》译者前言	302
《近代中国经济社会》再版序言	305
谈利用小说作材料来改编剧本——以《钢铁是这样炼成的》第六场为例	307
果戈理和我们	320
《契诃夫手记》译者前记	324
伟大的人文主义者拉伯雷	327
"用爱和信念劳动"——纪念契诃夫逝世五十周年	331
《契诃夫手记》新版题记	338
我看陀思妥耶夫斯基——在陀思妥耶夫斯基讨论会上的讲话	343
我看电视剧《春蚕》《秋收》《残冬》——兼谈名著改编的若干问题	349
《东方专制主义》中译本题记	352
一个跨代诗人的历史命运——《勃留索夫日记钞》中译本前记	356
永远不会过时的事业——在中华文学史料学学会常务理事扩大会议上的致辞	362
回归与超越——与俞仪方谈中国现代知识分子命运	366
上海通俗文艺研究会成立大会开幕词	369
《人之子——耶稣传》中译本序	372
《危机与复兴——白银时代俄国文学论稿》序	375
《近代中国经济社会》新版题记	378

《贾植芳文集·翻译卷》(441 页)

论报告文学 E.E.基希著 贾植芳译	1
一种危险的文学样式	3
"列宁同志问候你"	7
附录:基希及其报告文学 T.巴克著 张元松译	15

目录	页码
出版者的话　泥土社编辑部	38
契诃夫的戏剧艺术　С.Д.巴鲁哈蒂著　贾植芳译	41
第一章　契诃夫所走的道路	43
第二章　契诃夫的诸戏剧	69
第三章　论《樱桃园》	96
第四章　结论	134
译后记	146
俄国文学研究　[苏联]谢尔宾娜等著　贾植芳辑译	149
拉吉舍夫论　谢尔宾娜	151
戈里鲍耶多夫论　奥尔洛夫	157
普式庚论　布拉果依	169
果戈理论　斯契潘诺夫	176
果戈理和俄国现实主义传统　安德朗尼科夫	189
果戈理和普式庚　布拉果依	204
剧作家的果戈理　杜雷林	210
果戈理在苏联舞台上　戈尔巴诺娃	215
关于《巡按使》的断想　史迁普金娜—古柏尼克	232
我如何扮演乞乞科夫　塔波洛科夫	238
我为《塔拉斯·布尔巴》插画　基布里克	258
别林斯基的美学　塞米如诺娃	263
赫尔琴论　维亭	278
奥加略夫论　《苏联文学》	289
屠格涅夫论　彼得罗夫	293
车尔尼雪夫斯基论　塞都罗夫　卡若犹拉	304
车尔尼雪夫斯基美学的主要特征　谢尔宾娜	313
杜勃洛留波夫的文学批评原理　阿尔克赫波夫	328
涅克拉梭夫论　阿尔克赫波夫	345
萨尔蒂科夫—谢德林论　维斯特谢夫	361
托尔斯泰论　乌斯宾斯基	370
列宁与托尔斯泰　西伦	382
皮沙列夫论　雅罗斯拉夫斯基	390
契诃夫论——关于他的小说《在峡谷中》　高尔基	406
柯洛连科论　柯托夫	412
高尔基论　米哈伊洛夫斯基	424
排印后记　贾植芳	439

贾植芳先生著作图录

一、创作类

书名	**人生赋**
作者	杨力
系列	七月文丛
丛书主编	胡风
类别	短篇小说集
出版社	上海：海燕书店
出版时间	1947 年 4 月
页数	138 页

书名	**热力**
作者	杨力
系列	工作文丛 第一辑 3
类别	散文集
出版社	上海：文化工作社
出版时间	1949 年 6 月
页数	85 页

书名	**人的证据**
作者	杨力
类别	纪实小说
出版社	上海：新潮书店
出版时间	1949 年 10 月 1 日
页数	113 页

书名	当心，匪特造谣！
作者	杨力　费铁
系列	戏曲丛书
类别	活报剧
出版社	上海：文化工作社
出版时间	1951 年 5 月
页数	70 页

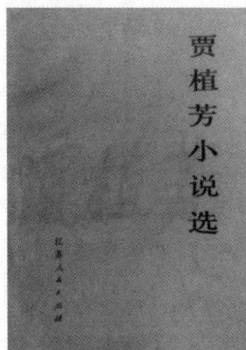

书名	贾植芳小说选
作者	贾植芳
类别	小说集
出版社	南京：江苏人民出版社
出版时间	1983 年 9 月
国际书号	1 0100·682
页数	266 页

书名	悲哀的玩具——贾植芳作品选
作者	贾植芳
类别	作品集
出版社	太原：北岳文艺出版社
出版时间	1991 年 11 月
国际书号	753780477-X
页数	270 页

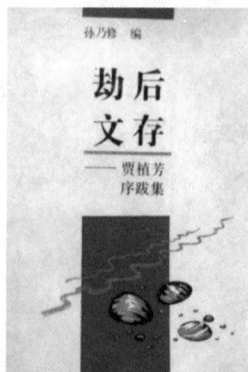

书名	**劫后文存——贾植芳序跋集**
作者	贾植芳
编者	孙乃修
类别	序跋集
出版社	上海：学林出版社
出版时间	1991 年 12 月
国际书号	7805106541/I.235
页数	201 页

书名	**狱里狱外**
作者	贾植芳
系列	火凤凰文库
丛书主编	陈思和　李辉
类别	回忆录
出版社	上海：上海远东出版社
出版时间	1995 年 3 月
国际书号	9787806130667
页数	214 页

书名	**狱里狱外**
作者	贾植芳
系列	世纪回望系列
类别	回忆录
出版社	香港：天地图书有限公司
出版时间	2001 年 9 月
国际书号	9789629936037
页数	259 页

书名	**暮年杂笔**
作者	贾植芳
系列	书友文丛
丛书主编	倪墨炎
类别	散文集
出版社	上海：汉语大词典出版社
出版时间	1997 年 8 月
国际书号	9787543202566，75432302565
页数	290 页

书名	**雕虫杂技**
作者	贾植芳
系列	读书阅世丛书
丛书主编	吴小如　谢蔚明
类别	散文集
出版社	太原：山西教育出版社
出版时间	1998 年 6 月
国际书号	9787544012782，7544012786
页数	212 页

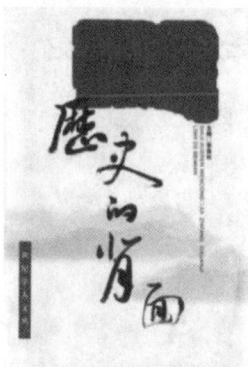

书名	**历史的背面——贾植芳自选集**
作者	贾植芳
系列	世纪学人文丛
丛书主编	季羡林
类别	散文集
出版社	济南：山东教育出版社
出版时间	1998 年 10 月
国际书号	9787532826674
页数	695 页

书名	解冻时节
作者	贾植芳　任敏
系列	历史备忘书系
丛书主编	李辉
类别	日记书信集
出版社	武汉：长江文艺出版社
出版时间	2000 年 3 月
国际书号	9787535419743
页数	469 页

书名	写给学生
作者	贾植芳
系列	大象漫步书系
丛书主编	李辉
类别	书信集
出版社	郑州：大象出版社
出版时间	2000 年 4 月
国际书号	9787534724305
页数	252 页

书名	不能忘却的纪念——我的朋友们
作者	贾植芳
系列	旧文新知丛书
类别	散文集
出版社	上海：上海文化出版社
出版时间	2001 年 6 月
国际书号	9787806462690
页数	177 页

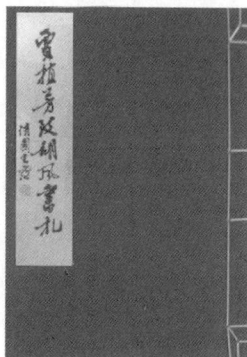

书名	**贾植芳致胡风书札**
作者	贾植芳
类别	散文集
出版社	杭州：华宝斋书社
出版时间	2001 年 10 月 1 日
国际书号	9627989924
页数	106 页

书名	**老人老事**
作者	贾植芳
类别	散文集
出版社	郑州：大象出版社
出版时间	2002 年 7 月
国际书号	9787534727627
页数	301 页

书名	**世纪老人的话：贾植芳卷**
采访人	沈建中
系列	世纪老人的话
丛书主编	林祥
类别	纪实
出版社	沈阳：辽宁教育出版社
出版时间	2003 年 4 月 1 日
国际书号	9787538265958
页数	345 页

书名	**早春三年日记（1982—1984）**
作者	贾植芳
系列	大象人物日记文丛
丛书主编	李辉
类别	日记
出版社	郑州：大象出版社
出版时间	2005 年 4 月
国际书号	9787534734328
页数	364 页

书名	**历史背影**
作者	贾植芳
类别	散文集
出版社	南京：江苏文艺出版社
出版时间	2008 年 1 月 1 日
国际书号	9787539927220，7539927224
页数	163 页

二、学术专著 / 论著

书名	**近代中国经济社会**
作者	贾植芳
出版社	上海：棠棣出版社
出版时间	1949 年 9 月
页数	297 页

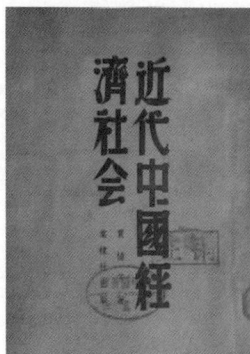

书名	近代中国经济社会
作者	贾植芳
出版社	上海：棠棣出版社
出版时间	1950 年 9 月
页数	297 页

书名	近代中国经济社会
作者	贾植芳
系列	新世纪万有文库·第 6 辑·近世文化书系
出版社	沈阳：辽宁教育出版社
出版时间	2003 年 3 月
国际书号	9787538265101
页数	281 页

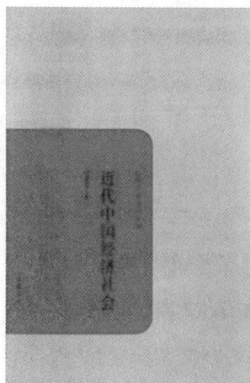

书名	近代中国经济社会
作者	贾植芳
系列	民国学术文化名著
出版社	长沙：岳麓书社
出版时间	2013 年 1 月 1 日
国际书号	9787553800417
页数	282 页

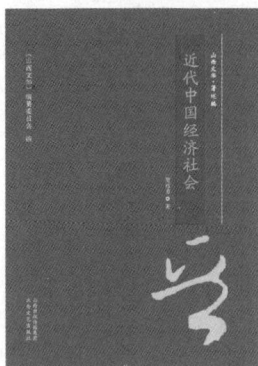

书名	近代中国经济社会
作者	贾植芳
系列	山西文华·著述编
出版社	太原:北岳文艺出版社
出版时间	2017 年 11 月
国际书号	9787537848800
页数	250 页

三、翻译

书名	人民民主主义的长成与发展
作者	[日本] 西泽富夫　等
编译	贾植芳　等
出版社	上海：棠棣出版社
出版时间	1950 年 4 月
页数	318 页

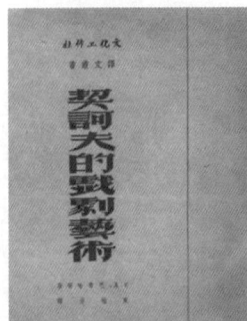

书名	契诃夫的戏剧艺术
作者	[苏联] С.Д.巴鲁哈蒂
译者	贾植芳
系列	译文丛书
出版社	上海：文化工作社
出版时间	1951 年 7 月
页数	206 页

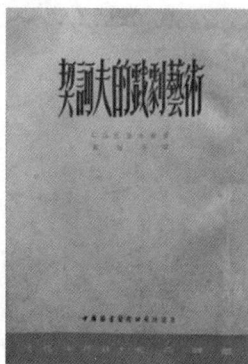

书名	**契诃夫的戏剧艺术**
作者	[苏联] С.Д.巴鲁哈蒂
译者	贾植芳
出版社	上海：中国图书发行公司
出版时间	1953 年 12 月
页数	206 页

书名	**住宅问题**
作者	[德国] 恩格斯
译者	贾植芳
出版社	上海：泥土社
出版时间	1951 年 11 月
页数	149 页

书名	**论报告文学**
作者	[捷克] E. E. 基希
译者	贾植芳
出版社	上海：泥土社
出版时间	1953 年 3 月
页数	74 页

书名	契诃夫手记
作者	[俄国] 契诃夫
译者	贾植芳
出版社	上海：文化工作社
出版时间	1953 年 5 月
页数	201 页

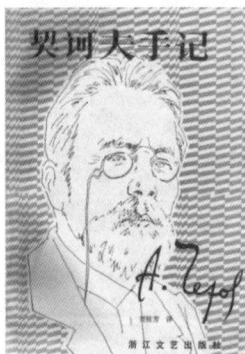

书名	契诃夫手记
作者	[俄国] 契诃夫
译者	贾植芳
出版社	杭州：浙江文艺出版社
出版时间	1983 年 11 月
国际书号	1 0317·69
页数	257 页

书名	契诃夫手记
作者	[俄国] 安东·契诃夫
译者	贾植芳
系列	世界散文名著丛书
出版社	天津：百花文艺出版社
出版时间	2000 年 4 月
国际书号	9787530629918,7530629913
页数	284 页

书名	**契诃夫手记**
作者	［俄国］契诃夫
译者	贾植芳
系列	外国名家散文丛书
丛书主编	郑法清　谢大光
出版社	天津：百花文艺出版社
出版时间	2005 年 5 月
国际书号	9787530629918
页数	271 页

书名	**契诃夫手记（图本）**
作者	［俄国］契诃夫
译者	贾植芳
系列	散文译丛
丛书主编	彭燕郊
出版社	长沙：湖南文艺出版社
出版时间	2006 年 1 月 1 日
国际书号	9787540436094
页数	280 页

书名	**契诃夫手记**
作者	［俄国］契诃夫
译者	贾植芳
系列	外国名家散文丛书
丛书主编	郑法清　谢大光
出版社	天津：百花文艺出版社
出版时间	2007 年 8 月
国际书号	9787530629918
页数	300 页

书名	契诃夫手记
作者	[俄国] 契诃夫
译者	贾植芳
系列	外国名家散文丛书
丛书主编	郑法清　谢大光
出版社	天津：百花文艺出版社
出版时间	2009 年 6 月 1 日
国际书号	9787530654224
页数	271 页

书名	俄国文学研究
作者	[苏联] 谢尔宾娜　等
辑译	贾植芳
出版社	上海：泥土社
出版时间	1954 年 8 月
页数	351 页

四、文集

书名	贾植芳文集·创作卷
作者	贾植芳
类别	创作
出版社	上海：上海社会科学院出版社
出版时间	2004 年 11 月
国际书号	9787806815663,780681566X/I.102
页数	454 页

书名	**贾植芳文集·书信日记卷**
作者	贾植芳
类别	书信日记
出版社	上海：上海社会科学院出版社
出版时间	2004 年 11 月
国际书号	9787780681 5663,780681 566X/I.1 02
页数	547 页

书名	**贾植芳文集·理论卷**
作者	贾植芳
类别	学术专著 / 论著
出版社	上海：上海社会科学院出版社
出版时间	2004 年 11 月
国际书号	9787780681 5663,780681 566X/I.1 02
页数	380 页

书名	**贾植芳文集·翻译卷**
作者	贾植芳
类别	翻译
出版社	上海：上海社会科学院出版社
出版时间	2004 年 11 月
国际书号	9787780681 5663,780681 566X/I.1 02
页数	441 页

五、编著

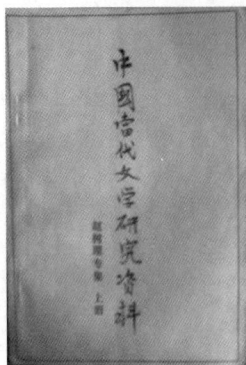

书名　　　　**中国当代文学研究资料——**
　　　　　　赵树理专集
编者　　　　贾植芳　等
系列　　　　中国当代文学研究资料丛书
组织编写　　上海：复旦大学中文系
出版时间　　1979 年
页数　　　　573 页

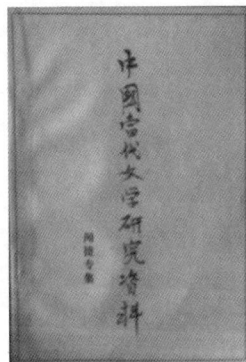

书名　　　　**中国当代文学研究资料——**
　　　　　　闻捷专集
编者　　　　贾植芳　等
系列　　　　中国当代文学研究资料丛书
组织编写　　上海：复旦大学中文系
出版时间　　1979 年
页数　　　　327 页

书名　　　　**赵树理专集**
编者　　　　贾植芳　等
系列　　　　中国当代文学研究资料丛书
出版社　　　福州：福建人民出版社
出版时间　　1981 年 6 月
国际书号　　10173·193
页数　　　　598 页

书名	**巴金专集（1）**
编者	贾植芳　等
系列	中国当代文学研究资料丛书
出版社	南京：江苏人民出版社
出版时间	1981 年 7 月 1 日
国际书号	9787547700006
页数	672 页

书名	**巴金专集（2）**
编者	贾植芳　等
系列	中国当代文学研究资料丛书
出版社	南京：江苏人民出版社
出版时间	1982 年 9 月
国际书号	1 01 00·586
页数	702 页

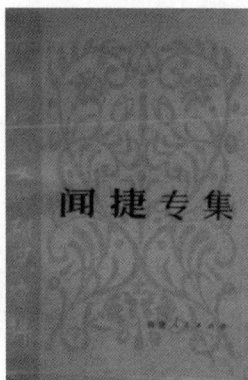

书名	**闻捷专集**
编者	贾植芳　等
出版社	福州：福建人民出版社
出版时间	1982 年 9 月
国际书号	1 01 73·343
页数	365 页

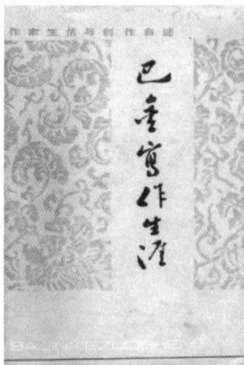

书名	**巴金写作生涯**
作者	巴金
编者	贾植芳　朱利英　陈思和　李辉
出版社	天津：百花文艺出版社
出版时间	1984 年 9 月
国际书号	10151·756
页数	635 页

书名	**我的写作生涯**
作者	巴金
编者	贾植芳　等
出版社	天津：百花文艺出版社
出版时间	2006 年 5 月
国际书号	9787530644058
页数	541 页

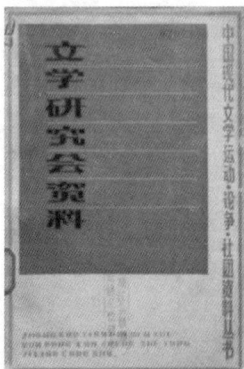

书名	**文学研究会资料**
编者	贾植芳　等
系列	中国现代文学运动·论争·社团资料丛书
出版社	郑州：河南人民出版社
出版时间	1985 年 10 月
国际书号	10105·466
页数	1398 页

书名	文学研究会资料
编者	贾植芳　苏兴良　刘裕莲　等
系列	中国文学史资料全编（现代卷）
出版社	北京：知识产权出版社
出版时间	2010 年 1 月 1 日
国际书号	9787802476127，7802476127
页数	1203 页

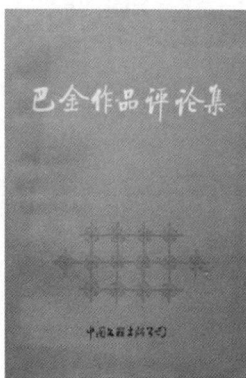

书名	巴金作品评论集
编者	贾植芳　唐金海　张晓云　陈思和
出版社	北京：中国文联出版社
出版时间	1985 年
国际书号	10355·415
页数	458 页

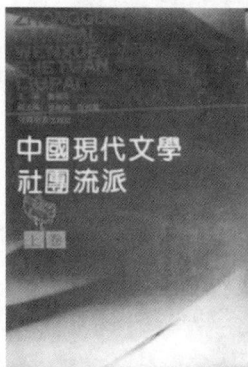

书名	中国现代文学社团流派
主编	贾植芳
副主编	曾华鹏　范伯群
出版社	上海：江苏教育出版社
出版时间	1985 年 10 月
国际书号	10355·415
页数	1122 页

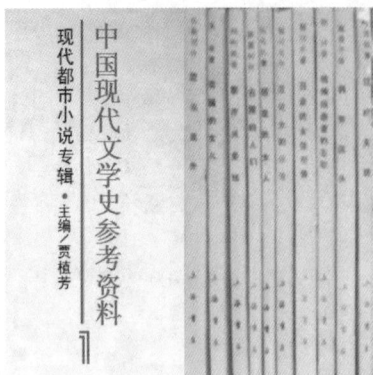

书名	中国现代文学史参考资料·现代都市小说专辑（全十册）
主编	贾植芳
出版社	上海：上海书店出版社
出版时间	1988 年 12 月

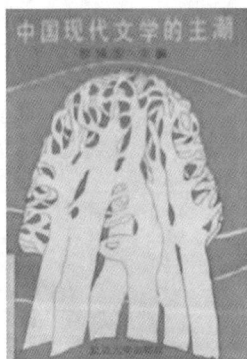

书名	中国现代文学的主潮
主编	贾植芳
出版社	上海：复旦大学出版社
出版时间	1990 年 2 月
国际书号	9787309002621
页数	284 页

书名	历代名家尺牍新钞
编著	贾植芳　李东
出版社	上海：文汇出版社
出版时间	1992 年 2 月
国际书号	7805311910/G.112
页数	304 页

书名	**中国现代文学总书目**
主编	贾植芳　俞元桂
出版社	福州：福建教育出版社
出版时间	1993 年 12 月
国际书号	7533416082/Z.12
页数	1162 页

书名	**海派文化长廊·小说卷**
主编	贾植芳　等
系列	海派文化长廊
出版社	上海：学林出版社
出版时间	1997 年 1 月

书名	**中国近代散文精粹类编**
主编	王运熙　贾植芳　等
出版社	上海：上海文艺出版社
出版时间	2000 年 6 月 1 日
国际书号	9787532114030
页数	1812 页

书名	做知识分子的老婆——任敏
	女士纪念集
作者	贾植芳
出版社	上海：复旦大学出版社
出版时间	2003 年 3 月

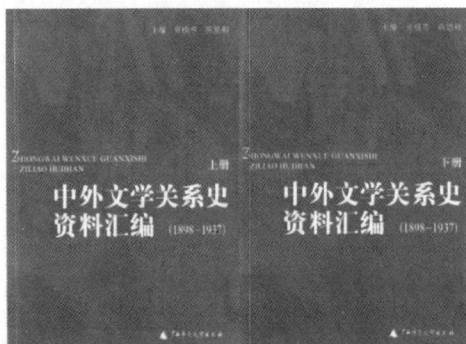

书名	中外文学关系史资料汇编
	（1898—1937）
主编	贾植芳　陈思和
出版社	桂林：广西师范大学出版社
出版时间	2004 年 10 月
国际书号	7563349901/I606
页数	1074 页

六、相关书籍

书名	苦难的超度——贾植芳传
作者	孙乃修
出版社	台湾：业强出版社
出版时间	1994 年 8 月
国际书号	9789576832529
页数	421 页

书名	一个中国知识分子的肖像——贾植芳画传
编著	宋炳辉
类别	纪实
出版社	上海：复旦大学出版社
出版时间	2004 年 10 月
国际书号	9787309040814
页数	122 页

书名	我的人生档案——贾植芳回忆录
作者	贾植芳
编者	罗银胜
类别	散文集
出版社	南京：江苏文艺出版社
出版时间	2009 年 1 月 1 日
国际书号	9787539930107
页数	414 页

书名	把人字写端正：贾植芳生平自述与人生感悟
作者	贾植芳
类别	散文集
出版社	上海：东方出版中心
出版时间	2009 年 4 月 1 日
国际书号	9787801869906
页数	306 页

书名	**百家文库·贾植芳卷**
编者	殷国明
系列	海上文学百家文库
丛书主编	徐俊西
出版社	上海：上海文艺出版社
出版时间	2010 年 6 月 1 日
国际书号	9787532136865
页数	470 页

书名	**贾植芳先生纪念集**
主编	陈思和
出版社	上海：复旦大学出版社
出版时间	2011 年 4 月
国际书号	9787309079890
页数	745 页

索　引

索引例言

　　一、本索引根据《贾植芳全集》之卷一《创作卷（上）》、卷二《创作卷（下）》、卷三《回忆录和访谈录卷》、卷五《书信卷》、卷六《日记卷（上）》和卷七《日记卷（下）》进行编制。卷四《理论卷》不编制索引词条。卷八《翻译卷（上）》、卷九《翻译卷（下）》单独编制索引，并放入第九卷最后，命名为《附录：〈贾植芳全集·翻译卷〉检索》。

　　二、本索引以贾植芳先生的个人生活、文学和学术活动为主轴，从贾植芳先生的散文、回忆录、访谈、书信和日记中进行筛选。

　　三、本索引只对纪实性的散文类作品，包括散文、杂文和序跋进行编制，虚构作品，包括小说、戏剧、题词、诗歌和对联不编入索引词条。

　　四、本索引所收录的词条，是以为贾植芳研究工作提供方便为宗旨。为了不让索引词条变得冗沉繁杂，索引编制小组在经过讨论后，决定以查准率（Precision ratio）为信息检索的主要思路。

　　查准率是为了提高使用者查找所需信息的准确性和全面性，以词条在相关页面的信息量和重要性作为编制人员考量的主要指标。

　　编制人员对相关词条进行一些基本的信息查询及过滤筛选，增加索引的精准率与实用意义，并非所有出现的人名皆收入索引。若某词条不符合本例言第二条，其页码将不会出现在索引词条中。

五、本索引收录词条按照拼音字母次序排列。同音字按笔画排列，笔画少的在前，多的在后。笔画数相同的，按起笔笔形横、竖、撇、点、折的次序排列。起笔笔形相同的按第二笔笔形的次序排列，以下类推。

索引各篇中，开头为西文字母的词条，按序放入该篇的《其他》部分内。次序具体为：以开头是俄文字母的词条在前，开头是英文字母的词条在后的原则排列。俄文字母开头的词条，词条顺序按俄文字母顺序排列；英文字母开头的词条，词条顺序按英文字母顺序排列。

《书名篇》中开头是英文字母或阿拉伯数字的词条，按序放入该篇的《其他》部分内。次序具体为：以开头是英文字母的词条在前，开头是阿拉伯数字的词条在后的原则排列。英文字母开头的词条，词条顺序按英文字母顺序排列。开头是阿拉伯数字的词条，词条顺序按阿拉伯数字的顺序排列。

六、索引词条将按照本例言第二条，列举该词条所在的"卷数"和"页码"，"卷数"以中文数字书写，对应《贾植芳全集》十卷本的排序，同一词条后"卷数"只显现一次。"页码"以阿拉伯数字书写，对应该词条所出现的页数。范例：

曹禺

一·322，三·306，五·161，六·193、279，七·269

七、《人名篇》编制标准：

1.贾植芳先生的个人生活、文学和学术活动中的主要人物均予以收入。

2.胡风事件中的人物、"七月派"友人、常年保持书信往来的学者和文友以及工作中的同事、学生等等均予以收入。

3.文中谈论、评价、引用对话时涉及的人物，均予以收录。次要人物将考量其重要性，选择性收录。

4.人名在索引词条中均采用具体人名，文中出现简称、亲属称谓、昵称、外号等其他称谓或人称代词、介绍性语句时，将根据人称代词所指示的对象，进行辨析确定后，以所指示对象的具体人名进行收录。如"哥哥""我大哥"，索引词条为"贾芝"；"我伯父"，索引词条为"贾翠丰"；"老胡"，索引词条为"胡风"；"他的儿子"索引词条为"贾新来"；美国客人，索引词条为"金介甫"。

5.该人物如出现超过一种称谓或别名，则编制人员将选出具有代表性的称谓作为索引词条，其他称谓将在该词条之后加（　）录入，范例：

耿庸（耿、郑、耿兄、庸兄、老耿、老郑、炳中、郑兄、郑炳中、申右芝）

6.《贾植芳全集》中，"某某夫妇"的称谓出现频繁，《人名篇》中除了收录三项特别强调夫妇二人都与具体事件有关连的词条，即："郑北渭夫妇""矶部夫妇"和"吉卜斯夫妇"外，余者皆单独一人进行索引。

八、《书名篇》编制标准：

1.凡涉及贾植芳先生文学和学术思想的作品，如：已在报刊上发表过的散文作品、行文中提及的书目、可考证的书籍和文章均予以收入。

2.编制人员将收录贾植芳先生曾进行分析或观看的电影、戏剧、电视剧等的作品名称，并放入《书名篇》内。

3.未发表的作品，例如贾植芳先生自己的作品等，编制人员将按照与内容的相关性进行取舍后收录。

4.收录与贾植芳先生平反事件有关的文件资料。

5.由于在贾植芳先生行文中经常出现书名的简称、代称、别称等情况，收录时，作品词条经过编制人员及本卷编辑查证后并结合便于检索的原则按相对准确的书名进行收录。如：贾植芳等编的，1985年河南人民出版社出版的《文学研究会资料》，在全集中曾以不同的称谓出现，如："文研会（资料）"《文研会》《文研会材料》《文学研究会资料》等，索引词条将以最终出版的书名为准，即《文学研究会资料》，其他称谓则不予收录。

九、《地名篇》编制标准：

1.凡涉及历史事件与重要经历的地点都予以收入。

2.该地名如出现多过一种称谓，编制人员将选出具有代表性的称谓作为索引词条，其他称谓将在该词条之后加（　）录入，范例：

北京（京、北平）

十、其他情况则不再一一例举，由于水平所限，索引的错误与疏漏之处在所难免，祈请读者给予指正。

人名篇

A

阿部知二
五·500

阿尔蒙德
三·58

阿尔志巴绥夫
一·344，二·24，三·218、231、304、356，六·279

阿垅（守梅、陈守梅）
二·50、309，三·30、36、42、43、67、68、111、147、225、350、351、367，五·18、23、24、31、157、158、173、174、201、209、213、357、386、457，六·91、101、136、228、237、238、241、243、244、245、255、274、296、323，七·116、221、328

阿·梅特钦科
七·145

阿 Q
三·352

阿英
二·284，六·279、302、307

艾斐
七·191

艾青
一·309，三·31、35、101、102、306，五·283

艾芜
七·382

艾晓明（晓明）
五·506、509，六·213、219、303、319、333、339、401、413、523，七·5、6、28、167、270、322、324、326、327、331、332、359、365

艾煊
七·88、90、268、341、455

艾以（傅艾以）
一·364、365、366，二·218、219，七·127、168、173、174、215、221、240、243、246、265、276、313、314、315、359

爱伦堡
一·303，六·18、254

安那托·法朗士
一·342

安平秋

二·193，七·391、417、418、454

安特列夫

一·255、256、295、297、333、344、
359，二·24、132，三·218、298、356、
五·24，六·243，七·95

奥勃伦（Edward J.O'Brien）

一·298、317、360、402，三·20、23、
298、299、362，六·330

奥博洛京娜

七·133

奥尔加·卞来尔

七·259

奥尼尔

二·24，三·218

B

巴别尔

一·304，六·18

巴金（巴、巴公、巴先生）

二·72、73、200、239、240、287、420、
421、422，三·24、206、301、306，五·
268、280、283、317、321、338、389、
445、485、493、497、499、500、501、
502、504、506、508、509、510、511、
512、513、514、518、519、531、532、
533、543、567、569、570，六·3、4、
14、15、16、19、23、26、32、33、34、
37、39、40、42、43、44、46、47、50、
51、52、61、62、72、74、83、96、100、

101、102、103、112、141、149、162、
184、191、196、198、201、203、205、
217、243、257、269、279、280、301、
328、329、354、374、379、425、472、
484、485、536，七·9、11、15、23、35、
43、46、47、59、95、98、107、113、
119、131、136、147、188、202、207、
234、244、246、247、325、353、357、
373、426

巴人

五·441，七·18

白桦

六·21、154、155、157、158

白礼哀

五·500

白先勇

一·379，七·245、248、249、250、254、
337、398

白杨

三·253

柏杨

七·219

拜伦

三·307，六·229

阪口直树

五·184

坂井洋史（坂井）

二·199、200，五·308、317、389、391、

065

392、552、576、577

包冯生
七·379

包子衍
五·257、280、283，七·94、106、122、127、201、203、229

保卫部蔡部长
六·222

鲍昌
六·79、194

鲍蘆
六·128、144、170、189、309、329、393、394，七·78、82、100、116、126、136、139、174、175、223、242、261、269、400、401、422、440

鲍正鹄
三·45

北岛
五·280、283

贝克
一·323

本多秋五
五·197、218，六·177、253、259

本间久雄
三·308

彼得洛夫
六·346

毕奂午（毕先生）
五·502、503、505、512，六·133、139、141、143、154、155、164、165、166、178、181、183、184、317、336、484、543，七·47、124、275

毕青
五·239，六·439、460、476、491

毕修勺
五·495，六·173、184

卞文华（小毛头）
三·334，五·93、94、111、114、120、138、140、141，六·29，七·155

卞志刚（小卞）
二·346，三·334，五·93、111、112、114、118、119、120、123、125、130、138、140，六·41、70、121、156

别里科夫（毕里科夫）
五·30

别林斯基（别）
三·120，五·28

冰心
二·267、299、300、367、435，三·307，五·134、137，六·53，七·327

波斯奈特
三·308

波特莱尔
六·299

柏格森
三·356

勃兰兑斯
一·344，二·24，三·231

勃留索夫
二·84、85、86、87、116、117，七·248、
252、386、435

卜仲康（老卜、卜老师、卜君）
六·32、52、53、54、72、73、133、135、
182、251、315、328、329、335、336，
七·92、334

布哈林
五·268，七·345、392、403

布勒福·怀
六·414

布洛克比
六·229

C

蔡传廉
六·56、391、411、412，七·41、82、
226、268、269、316、351、356、417

蔡春华
二·340、346、365、371

蔡国祯
六·128、257、329、394，七·82、226

蔡葵
三·48、49、204、221

蔡尚思
六·353

蔡翔
七·341、342、355、356、358、364、
382、391、400、401

蔡元培
一·397，三·135

蔡正华
六·58

蔡之琦
六·132

曹白
五·194、196、199、201、210、211、
212、213、221、226、478，六·220、
224、251、259、267、335、339、341、
355、359、361、362、445

曹葆华
三·20、203

曹汉一
六·179

曹慧毅
六·181、183

曹进行（曹君、进行）
六·31、42、43、62、66、73、83、97、
122、146、181、188、465、524，七·358

曹明
五·203，六·289、292、461

曹丕
一·330

曹顺庆
七·436

曹维劲
二·70，五·541、550、555、556

曹卫东
七·358

曹祥华（老曹）
一·351，二·291、292、293，三·40、41、
42、44、108，六·49、50、58、72、113

曹旭
七·458

曹禺
一·322，二·267，三·306，五·161，六·
193、279，七·269

曹予庭
六·331、372

曹雨青
七·121

草婴
七·303

岑铁权
六·292

柴妙金
一·304，六·18

车尔尼雪夫斯基（车）
一·334，三·52、350，七·385

车淑珊（Susan Cherniack）
七·112

陈阿宝
七·312

陈白尘
三·353，五·308，六·228

陈伯吹
七·303

陈伯海
五·563、564，七·349、384、428

陈伯襄
七·371

陈诚
三·41

陈春雄（陈老板、陈君）
五·337、339、340、552、553、557

陈从周
三·278、279，六·227，七·40、161、293

陈从周女儿
七·426

陈村
二·266，三·181

陈丹晨
七·202、399

陈德祥（小陈、德祥）
五·523，六·504、535、537、542，七·
56、92、118、223、238、250、256、
259、271、274、314、328、355、360、
404

陈登科
五·145

陈东华
七·243、247

陈独秀
三·21、98、299，六·329、330，七·402

陈福康
六·304，七·221、422

陈公正（老陈）
六·74、116、122、132、147、155、159、
184、189、191、193、199、209、317、
455、479、515，七·26

陈恭尹
一·333

陈鼓应
七·331

陈广宏
二·361、362，七·356

陈国栋
六·78

陈国辉
七·208

陈国雄
六·376

陈衡粹（余师母、陈女士、余太太、余上
沅夫人）
一·320、322、323，六·180、185、186、
188、192、201、233、297、298、307、
311、388、483，七·224、232、240、
250、257、275、292、380、383、426

陈华江
七·233

陈荒煤（陈光美、荒煤）
二·289、290、291，三·239，五·132、
136、148、163，六·78、81、148，七·
399

陈家灼
七·300、301

陈建华
二·346，七·341、437、439、458

069

陈建权（小陈）

六·14、521，七·137

陈健

七·415

陈健君

六·193

陈金崇

七·187、289

陈金荣

五·247，七·315

陈景春

五·510、513，六·387、505

陈珏（小陈）

六·432、453、468、476、516、526、
527、542，七·217、302、350

陈立思

七·371

陈辽

五·259，六·154，七·102、333

陈梦家

七·292

陈梦熊（老陈）

六·268、274、350、535、537，七·55、
207

陈明

七·66

陈鸣树

二·257，五·190、193、195、197、240、
368，六·114、138、163、188、189、
192、201、214、227、241、246、250、
277、299、317、382、424、431、439、
465、477、484、537、544，七·4、5、8、
28、54、83、85、99、109、111、125、
126、138、148、151、165、166、167、
185、198、203、205

陈乃祥

六·182、198、201、219、344、349、
351、356、367、368、386、411、440、
453、481，七·177、253、259、381

陈南如

三·149、150

陈平

七·426

陈其强

一·384、385、386、387，二·214，六·
472、501、505、510、522，七·298、
345、352、355、363、387、398、403、
411、420、423、427、432、436、454、
455

陈其五

三·70、71

陈企霞

三·86

陈启新

一·350、359，二·37、132，三·25、80、
81、103、144、267，六·164、193，七·

370

陈青生（青生）
二·184、186、373、374、375，三·323

陈秋峰
五·431、432、447，七·38、153、157、
185、188、199、217、222、233、266、
267、273、400、411、436、443、448、
450

陈铨
二·262、263，六·69

陈仁炳
二·55、56、57、58、59，三·112、113、
258、365，六·67、199、215，七·416

陈仁凤
七·268、316、417、451

陈慎言
三·319

陈生保
七·237、251、253、294、378

陈圣生
六·532

陈守实（守实先生、陈老）
六·15、17、22、27、124、291

陈受颐
七·27、43

陈瘦竹
二·124、125、126，六·201，七·252

陈漱渝
七·129、428

陈思和（思和、艾春、小陈、陈）
一·326、334、407，二·54、72、73、
266、267、268、273、360、365、371，
三·173、227、236、310、325、326、
332，五·149、244、251、267、268、
269、270、276、278、279、281、282、
283、285、290、294、302、308、310、
314、322、327、329、332、333、335、
336、337、338、339、340、342、343、
345、346、348、349、355、357、368、
383、387、389、391、392、394、423、
427、435、436、445、469、470、479、
488、489、492、493、494、495、496、
497、498、499、501、502、504、506、
507、508、509、510、511、512、513、
514、515、516、517、518、519、520、
522、524、525、526、528、530、531、
532、533、534、535、538、540、542、
543、544、547、549、550、552、553、
556、557、558、567、577，六·22、28、
33、41、46、50、69、70、72、73、77、
80、82、86、88、100、101、114、126、
128、132、137、140、146、148、149、
154、164、165、167、168、173、174、
177、181、182、185、186、190、196、
198、201、203、205、215、217、218、
225、228、243、254、264、265、266、
269、276、281、290、293、295、298、
301、306、310、320、327、328、335、
336、350、354、355、357、378、379、
383、385、386、393、395、396、399、

402、409、417、429、432、438、456、
457、459、460、465、466、468、469、
475、477、478、483、484、486、487、
492、493、496、499、503、504、506、
509、510、513、514、515、517、520、
522、526、527、532、538、545，七·7、
15、20、21、28、31、33、38、43、51、
52、53、54、56、57、58、62、63、65、
67、68、69、71、72、73、74、79、82、
83、84、87、89、91、92、94、98、108、
112、118、124、132、133、134、136、
138、139、141、142、144、146、148、
156、161、163、166、168、169、171、
172、177、180、182、183、186、187、
189、190、197、198、202、205、206、
213、220、225、227、233、234、236、
237、238、240、241、244、245、246、
247、249、252、253、256、258、260、
264、267、268、269、275、276、277、
281、284、287、288、289、290、291、
292、293、294、295、296、300、306、
307、308、309、311、312、313、314、
315、316、317、318、321、326、328、
330、335、336、339、340、341、342、
346、347、349、350、351、355、356、
365、367、368、370、373、375、376、
377、382、383、385、387、388、390、
392、398、400、405、406、408、412、
413、415、416、418、429、430、431、
434、436、437、441、442、446、449、
455、456

陈宋惠
六·22、27、37、38、121、123、181、
202、203，七·15、42、60、64、78、88、
100、126、135、160、241、242、260、
278、340

陈挺
七·188、386、447

陈望道（陈先生、陈）
二·296，三·48、49、204、221、305，
六·75、76，七·308、310、360

陈西滢
一·321

陈闲
一·359，二·132，三·144

陈宪
六·286、436

陈晓东
七·254

陈晓明
七·339、449

陈晓蔷
七·168

陈信元
五·553

陈秀峰
七·231

陈秀珠（秀珠）
二·303，三·330，五·469、476，六·100、
129、148、149、234、268、274、275、
326，七·13、82、125、158、227、308、
351

陈仰周
六·474

陈一新
七·392

陈沂
六·19

陈寅恪（陈）
六·232

陈永志
七·442、455

陈涌
三·30，六·65

陈幼石
七·201、204、226、227、273、275

陈玉风
七·313

陈煜仪
七·368、369

陈元垲
七·334

陈云
六·51、58

陈允吉
五·405，六·447，七·11、62、125、244、
245、279、281、287、330、351、408、
417、426、428、429、433、452

陈再光
六·188

陈喆
七·24、27

陈志强（小陈）
五·272、273，七·234、237、240、307、
309、310、319、415、441

陈治平
七·34

陈焯
五·357，六·91

陈卓
二·50、291、292，三·42、43、111、147

陈子善
一·386，七·244、249、318、428

陈子涛
二·11、171，三·28，七·131、137、145

陈子展（陈先生、陈老、子展、陈公）
二·409、422，三·45、68、69、185、
338，五·286，六·159、179、184、190、
196、202、204、232、248、268、271、
299、443、458、491、538，七·116、
125、168、218、251、351

成仿吾
三·20、98、203、350，六·111

程乃珊
三·317、318

程浦林
六·179、181

程述之
七·396、401、404

程天权（天权）
五·580

程玉英
六·155、156

迟恩华
七·292、327、415

厨川白村
六·474

川端康成
七·323

春琳（贾春琳）
六·246、249、263、276、432、433、
458，七·298、312、377

崔洪勋
二·277，五·444

崔希浩
七·260

村田俊裕
六·464、476、509、510、538

D

笪移今
六·87

大冢秀高
七·45、64、69、280

戴舫（戴）
五·540，六·172、174、198、202、209、
210、225、227、232、248、249、251、
272、296、303、307、326、340、343、
365、393、395、400、402、441、442、
471、509、511、514、538，七·155、
304、305、307、329、337、338、407、
429、453

戴高乐
六·307

戴光中（戴光宗）
五·287、310、435、441，七·311

戴厚英
二·232、233、234、235、236、242，三·
338、339，六·453，七·256、303、318

戴建平（戴同志、建平、戴君）
六·44、74、75、99、127

戴谦
七·291、293

戴晴
七·363、381

戴望舒
三·308

但丁
一·363

岛崎藤村
六·502

邓明以
六·75、116、120、165、240、254、341、
447，七·227、333、356

邓牛顿
七·444

邓绍基
五·135、137

邓小平（小平同志）
五·352，六·120、271，七·220

邓逸群（小邓、邓）
六·173、183、421、446、454、460、
474、480、482、483、488、492，七·
158、193、294、303、409

邓云乡
六·358、472，七·40、163、208、311

笛福
一·363

丁景唐
五·201、229、232，六·431、506、508、
509，七·41、249、428

丁玲
一·369，三·86、87、351，五·257，六·
23、50、68、71、92、141、154、220、
344、368，七·66、137、236、436

丁芒
五·193，六·86、149、183、189、191、
193、265、311、315、319

丁萌
六·189

丁日初
六·59

丁士运
七·304、378、386

丁锡清
七·288、289

丁言昭（小丁）
七·15、33、115、287、346、428、451

冬生
六·167、173、181、196

董迟梅
七·455

董达武
六·516、533、534，七·350

董大中（大中同志）
二·276、277、278，五·146、415、417、
418、419、420、421、423、425、427、
428、429、431、432、433、435、436、

437、438、439、440、441、443、446、
448、449、450、451、452，六·243、
254、383、387、470、473、482，七·67、
71、124、169、278、395、402、423、
428、448

董德兴

七·360

董进泉

七·455

董平

二·18，三·16、198

董问樵

六·526，七·377、432

董玉杰

七·124

董竹君

三·211

杜（杜勃罗留波夫）

三·120，七·385

杜冰昆

六·416

杜高印

六·188、270、460、461

杜谷

六·228、245、246、292、308、313、
320、340、390、453、459、524

杜国清

一·374，七·397、398、405、407、409、
412

杜国庠

三·98

杜衡

三·314

杜建文

七·324

杜牧

一·334

杜青禄

二·11、14、15，三·8

杜心源

三·92

杜宣

六·58、386、387、514，七·303

杜聿明

七·14

杜月邨（老杜）

三·46，五·117，六·28、29、43、46、
65、128、209、242、247、256、290、
324、346、357、358、359、360、361、
372、385、387、388、389、390、392、
393、394、395、447、481，七·302、386

端木蕻良

三·102，五·276，六·19，七·382

段福海

六·45、454

段怀清

五·580

E

鄂基瑞（老鄂）

五·500、514，六·63、128、159、163、
251、290、324、362、378、429、474、
483、485、492、494，七·12、49、50、
75、123、162、166、176、179、193、
221、224、231、240、258、269、294、
298、307、335、348、350、367、368、
430、441、449、451、452、453

恩格斯（恩）

一·360、389、402，二·24、132、349，
三·20、203、204、218、298、301、362，
六·271

耳耶

五·161、162

F

法捷耶夫

一·344，三·231，六·229

凡尔哈仑

一·309，三·101

范伯群（伯群）

一·386，二·277、316、317、318、319，
三·186、329、330，五·309、365、369、

469、471、472、473、475、484、486、
488、507、532，六·54、61、63、69、
72、73、80、82、86、99、105、110、
126、140、172、176、177、183、198、
209、224、228、229、365、372、389、
391、393、394、395、416、427、428、
439、452、455、457、469、485、486、
490、493、494、497、501、510、523、
529、532、535、536、538、540、543，
七·26、30、78、80、81、82、86、88、
90、97、99、105、134、137、141、148、
151、152、156、159、171、172、176、
181、186、195、206、212、217、218、
234、235、240、241、242、243、244、
245、249、257、266、290、292、297、
313、314、325、327、333、334、337、
338、347、349、381、385、387、388、
389、400、401、409、415、416、425、
426、429、438、441、443、446、447、
448、451

范存忠

七·52、91

范东生

六·189

范培松

五·430、432，七·249、251、252、254、
255、257、312、314、319、345、348、
380、421、423

范泉

二·270、397、398、399、400、401、
402，三·338、350，五·284、361、362、
363、364、365、367、368、369、370、
372、373、374、375、377、378、379、

387、487，六·328、437、444、445、
496、501，七·37、110、126、166、167、
169、174、188、233、243、250、275、
279、284、291、292、293、295、297、
320、321、322、323、325、326、343、
344、346、355、373、376、380、391、
410、425、453、458

范文通
七·432

范希衡（范任、范先生、范氏、范）
二·71、188、417，三·324，七·10、16、
43、44、50、51、53、54、55、62、79、
87、158

范小梵
二·417、418

范铮
七·57、62、124、288、304

方伯初
六·508、511、520、522，七·5、113、
119、304、364

方成
三·12、145、337

方行
七·123、135

方纪
二·309，七·112

方军
七·335、339、351、352

方柯
七·378

方令孺
一·321，三·13、45、63、64，七·436

方铭
七·269

方佩萱（小方）
三·10，六·35，七·222

方平
一·396，三·135，五·29、30，六·142，
七·40、75、273、387

方然（朱声）
三·67、350、351，五·31、157、158、
159、192、208、209、213、386，六·82、
173、319、323

方文
七·389、396

方毅
七·344

方之
七·112

方重
六·404，七·46、59、91

废名
七·244

费德林
六·369

费建祥（费）
七·6、7、125

费明君
二·290，五·199、527，六·62、108、
214、342、343，七·419

费孝通
二·300、435，七·227

费勇
七·427

费兆基
七·127

费正清
五·503，七·455

奋力
七·407

丰村
六·64、153、163、276、387、446

丰华瞻
六·300、412

丰一吟
六·75、76

丰子恺
三·98

冯宾符
五·527，六·95

冯波（冯女士）
七·57、58

冯焕堂
一·253、254

冯牧
五·205、208，六·67、79、148、289、
290、319、404，七·399

冯前明
七·238

冯雪峰（雪峰）
一·309，二·42、120、367，三·52、53、
221、269、291、341、342、351、355、
359、360，五·239、242、257、262、
539，六·8、59、77、91、116、253、
267，七·26、103、126、127、138、326

冯亦代
六·153

冯英子
六·86，七·70、386

冯友兰
三·37

冯玉祥
六·267

弗兰克·帕金
七·308

弗洛伊德
三·356，六·329，七·221

伏尔泰
一·297

凫公
三·319

福克玛（佛克玛）
七·289、358

福兰克赫
一·281

釜屋修
五·273、429、431、447，七·278、330、336、387、448、450

付以兰
六·173

傅聪
七·214

傅得道（Theodore Nicholas Foss）
七·160

傅东华
二·250，三·308

傅海呐
七·298

傅雷
三·21，六·255，七·187、188

富田仁
六·495

G

甘建民
一·389、390，五·484，七·237、340、349、441、442、448、455、456

干玉梅
一·347，三·104

冈本
一·247，三·79

冈晴夫
二·217，五·294、297、299、301、306、311，六·504、509、510

冈泽秀虎
三·48

高婵娥（北方的妻子）
三·103、266、267，五·5，七·190

高长虹
二·277，五·433、435、440、444、447、452

高鹗
六·229

高尔基（高氏）
一·302、303、304、344，二·24、86、143、192，三·94、99、218、231、287，六·8、9、13、18、135、342，七·298、445

高峰
五·102

高歌
五·437、438、439、440

高纪十
六·352

高腊英
七·242

高兰
六·19

高明春
七·305

高明海
七·153

高桥智（高桥）
五·301、311、312、554、555，七·218、
251、259、262、270、310、321、394、
401、406、422

高润生（润生伯）
五·102

高山严
三·173

高树帜
七·319、322

高天如
七·266、322、356、435

高文塚（小高）
五·209、263，六·355、359、361、445、
501，七·32、142、225、240、264、279、
281、392

高晓声
三·189，七·34、36、37、47、50、51、
77、80、90、97、112、139、140、148、
184、209、210、305、337、369、407、
409、440、453

高晓声女儿
七·231、238

高辛勇（Karl Kao、高先生）
五·491，七·112、114、127、180、337、
342、453、458

高行健
六·351

高永年
七·339

高玉蓉
七·316、318、338、339

郜忠武（郜同志、郜君、郜老师）
六·57、72、75、224、225、293、334

戈尔巴乔夫
七·311、345

歌德
一·363，六·313、354，七·202、343

葛昆元

七·336、352、427、428

葛洛

五·308

葛乃福

二·323、324，六·449、451，七·81、93、154、169、284、289、321、337、451

葛兆光

七·232

耿济之

二·86，三·307

耿庸（耿、郑、耿兄、庸兄、老耿、老郑、炳中、郑兄、郑炳中、申右芷）

一·365，二·171、250，三·62、67、73、120、138，五·28、29、132、133、136、138、155、156、157、158、159、162、163、165、167、168、169、171、172、174、175、181、183、189、193、196、197、198、199、201、203、204、205、206、208、209、210、211、213、214、215、217、222、229、232、234、236、238、239、242、243、245、248、259、266、270、272、324、364、478、508、513、514、523、527，六·7、13、19、20、21、22、26、27、29、30、31、34、35、36、38、41、43、45、47、48、50、51、52、53、54、55、57、58、59、61、62、63、64、65、66、67、71、73、76、78、80、81、82、83、84、85、86、87、88、89、91、93、97、99、100、103、104、105、110、112、114、115、116、118、119、121、123、126、132、136、138、139、146、147、148、152、153、156、157、160、161、162、164、165、172、178、180、181、187、189、192、193、194、196、197、198、199、211、215、217、221、222、223、238、240、242、244、246、249、251、252、255、262、265、267、269、271、276、280、283、287、289、291、292、293、297、299、316、318、323、324、333、338、339、346、351、355、363、373、382、384、386、397、398、402、405、411、417、423、433、439、442、443、444、448、455、457、458、459、466、470、479、487、488、491、516、517、524、527，七·3、13、14、30、32、41、42、47、49、56、73、81、84、90、95、96、109、111、113、115、116、120、121、126、127、148、149、199、200、215、224、226、253、259、260、272、280、299、304、305、306、309、328、376、404、450

公炎冰

三·323

宫本显治

二·19，三·27

龚明德

七·313、333

龚鹏程

七·456

龚志成

七·240、248

082

龚自珍
七·327

巩艳华
七·452

苟有富
六·338、339、347

古华
七·151

古剑
五·151，七·47、52、75、91、99、100、101、102、105、107、155、382、405、408、451

古丽娜
五·320

古田大次郎
一·255

古田敬一
六·529

谷超豪（谷副校长）
七·131、136、137

谷天
六·219、232、272、287

顾放勋（顾、小顾、放勋）
五·408，六·198、214、225、239、248、260、264、281、402、444、454、499、511、538、540，七·73、219、328

顾廷龙
七·401

顾小锤（小锤）
六·175、181、185、211、354、373、447、473、493、509，七·222、230

顾一樵
一·321

顾易生
六·168、198、224、281、360、447、527，七·219、321、389

顾盈丰
六·440、448

顾征南（小顾、征南）
二·14，三·10、62、111，五·157、171、213、274、279、523，六·34、35、36、39、41、47、52、53、56、57、64、65、84、87、93、101、105、106、115、117、118、120、122、124、126、127、128、133、141、147、149、153、154、155、156、157、161、162、163、174、176、180、181、182、186、187、189、192、193、194、197、198、199、202、204、222、224、234、250、256、273、297、323、324、336、380、473，七·7、13、32、47、84、96、115、123、125、126、127、134、148、149、156、177、212、222、224、226、230、272、281、315、328、356、366、423、448

顾仲彝
一·242

083

顾柱国

七·335

顾祝同

六·94、95

关根谦

五·294、297、299、301、304、306、309、311、312、313、314、317

关连中（赵老太太）

五·145

关其侗

三·20、203

管权（老管、管同志）

六·26、38、55、56、72、75、86、103、104、115、147

龟井俊介

七·378、379、458

桂芙

五·146、346、348、350、351、356，六·357

桂英（贾桂英、贾英）

二·424，三·142、180、204、223、224、299，五·112、113、118、121、122、123、127、129、144、148、149、151、177、178、181、182、183、184、185、186、190、191、192、193、194、195、197、198、199、201、202、204、205、209、211、214、215、216、218、220、221、222、226、229、230、233、235、236、237、239、240、241、244、245、248、251、275、294、305、307、309、315、317、326、328、333、338、339、342、343、346、348、385、387、388、391、394、401、402、406、407、473、479、489、492、498、504、506、507、508、510、511、512、513、515、522、528、532、534、539、543、544、545、552、556、561、580，六·39、40、41、43、44、50、157、162、183、186、190、191、210、211、212、213、216、217、218、219、221、222、224、230、236、237、239、240、243、246、247、251、258、262、265、266、270、278、281、282、283、288、290、291、293、294、295、300、302、306、310、314、315、318、320、325、329、330、331、332、333、334、336、338、339、340、346、347、351、352、359、360、361、362、363、364、366、367、368、369、370、371、372、373、377、378、379、380、386、388、390、392、393、394、396、397、398、400、402、407、408、414、415、416、417、421、426、428、438、439、440、445、446、447、449、450、454、455、457、458、459、460、464、466、480、485、488、489、490、491、492、493、495、496、497、498、499、501、508、513、516、518、522、527、539，七·14、31、32、47、71、72、74、78、87、96、100、122、181、204、206、216、218、219、220、223、226、229、230、242、245、248、249、254、256、258、264、270、275、280、283、287、294、301、307、309、311、314、324、328、330、331、334、338、340、343、344、353、354、355、356、358、364、368、370、374、380、382、384、388、

402、404、407、410、418、422、429、438、443、444、450、453、458

郭继明
五·481，七·289、290、336、337、338

郭黎明（小郭）
六·402、413、433、468、478、495、515、535

郭沫若（杜荃、郭老）
二·10、33、37、49、263、300、351、399、421、435，三·8、21、57、58、79、98、99、100、299、306、312、341、350、353、360、364，五·195、378、506，六·4、15、23、63、71、75、83、141、194、195、228、232、266、267、279、382

郭瑞三
六·359、362

郭绍虞
三·45，六·484、485、486、507，七·327

郭雁声
六·438

果戈理（果氏）
一·241，三·52、302，五·28

H

哈华
五·232，六·386、387、431、439，七·303

哈九增
七·285

海枫
五·224

海明威
七·276

海平舅父
七·224

海燕
六·358、479，七·285、334

韩大南
七·350、365、437、445

韩迪厚
五·408

韩光明
七·233

韩尚义
三·12、337

韩石山
五·451、582

韩侍桁（侍桁）
一·391、392、393，二·409，三·47、130、132，七·251、260、262

韩月娟
三·149

韩云涛

七·251、253、260、262、327

菌子

六·387

杭行 （罗飞）

五·157、158、246、313、317、318，七·
4、31、65、69、108、116、231、349

郝长海

三·306

郝鹏举

五·283、284、526、527，六·91、94、95

郝瑞

二·340，五·332、336、337、353

郝晓昌

六·35、72、73

浩然

五·549

何封

五·225

何火任

七·428

何乐群

七·239、455

何联奎

二·291，三·41、42

何满子（何兄、满子、满兄、何、老何）

一·310，三·62，五·156、158、159、
160、161、162、163、169、172、199、
206、208、212、225、242、245、252、
259、267、270、274、277、279、284、
507、523、527，六·7、12、13、14、17、
19、20、22、23、24、26、27、30、34、
38、40、41、43、47、57、58、71、83、
84、86、88、89、91、100、103、104、
112、118、119、126、128、134、136、
148、153、154、156、161、164、172、
180、187、192、197、201、202、204、
210、211、212、213、215、216、222、
237、307、323、324、335、336、338、
344、348、349、365、367、403、420、
432、436、439、444、459、476、508、
519、520、524，七·11、13、14、25、
42、47、57、73、96、108、109、111、
113、114、116、121、122、123、126、
127、148、176、177、200、215、224、
225、240、243、259、260、272、280、
305、313、328、366、386、402、404、
416、436

何佩刚

六·202、487、502，七·448

何其芳

二·298，三·53、59、61，五·318、510、
511

何清

五·444

何西来

七·399

何寅泰（何老师、老何）
六·82、84、86、133、135、139，七·28、97、334

河上肇
三·94

贺敬之
六·110、137，七·30

贺麟
七·244

贺圣遂
七·297、406

贺锡翔
七·265、266、341、440

贺新辉
七·265、266、340、407

贺玉波
一·386

赫鲁晓夫（赫氏）
七·311、345、392、402、403、405

黑格尔
六·411

黑婴
三·314

亨利希·库诺
七·458

洪荒
六·76

洪灵菲
六·172

洪钦候
七·150

洪秀全
六·417、418

洪宜宾
五·530，七·448、451

侯外庐
三·92、93

胡从经
七·175、176、177、179、180、184、188、417、421、425、426

胡道静
七·323

胡鄂公
二·48，三·67、68

胡风（胡、胡兄、风兄、谷非、胡公、谷兄、光人、光兄、胡先生、老胡、张公、胡氏）
一·309、347、348、349、350、351、352、353、354、355、356、357、359、360、361、365、376、377、378、397、399、401、402，二·11、12、14、16、17、18、38、41、42、43、44、46、47、48、49、50、51、52、57、70、78、79、

80、81、109、119、120、125、131、
132、156、157、161、162、168、207、
211、212、213、223、224、226、227、
237、238、250、264、267、268、270、
286、287、289、290、293、294、295、
296、297、298、299、303、304、305、
306、308、309、310、311、316、328、
331、334、335、336、337、338、339、
340、364、367、368、370、391、403、
404、405、406、413、414、417、421、
423、430、431、433、435，三·8、9、
10、11、12、16、24、25、30、31、32、
35、36、37、38、40、42、43、44、49、
52、53、54、55、56、57、58、59、60、
61、62、63、64、65、66、67、68、69、
71、78、83、85、87、88、98、100、
101、102、103、106、107、108、109、
110、111、135、139、143、144、145、
146、147、148、173、194、196、197、
221、225、235、255、267、269、276、
287、289、290、291、292、293、294、
302、313、329、335、338、341、342、
349、350、351、355、358、359、360、
361、362、363、364、365、367、368，
五·3、4、5、6、8、9、10、11、12、13、
14、15、16、17、18、19、20、21、22、
24、25、26、27、29、30、31、79、128、
132、133、135、136、156、158、159、
162、163、164、166、167、168、169、
170、171、172、173、175、176、178、
179、180、181、182、183、184、185、
186、189、190、192、193、194、195、
196、197、198、199、200、201、202、
203、204、205、206、209、210、211、
212、214、215、217、218、219、220、
221、223、225、226、230、232、233、
234、235、236、237、238、239、240、

241、242、243、245、246、247、248、
249、250、251、252、253、254、255、
257、262、264、267、268、271、272、
273、275、276、277、278、279、280、
281、282、284、285、287、288、289、
290、292、293、294、295、297、298、
304、306、307、309、311、312、315、
317、320、321、323、324、325、326、
327、328、329、332、333、337、338、
339、340、348、349、350、351、352、
356、357、363、367、368、378、386、
387、407、424、426、469、471、502、
505、506、507、515、521、523、527、
528、549、558，六·7、8、11、13、14、
18、19、20、22、23、24、25、26、27、
28、29、42、44、47、48、50、54、57、
58、60、62、64、65、66、67、71、76、
77、78、79、80、81、82、84、85、87、
88、89、90、91、92、95、100、101、
105、109、110、116、122、127、130、
137、143、147、153、160、161、162、
164、165、169、171、175、179、180、
181、182、183、191、193、194、196、
198、199、200、202、214、215、216、
217、223、226、227、228、229、230、
239、241、243、244、245、251、253、
255、256、259、262、264、267、273、
279、287、289、291、293、296、297、
298、308、321、322、328、332、333、
335、344、356、366、368、372、374、
389、404、416、427、431、437、440、
443、445、446、448、450、451、453、
454、459、462、463、467、476、477、
479、487、488、491、502、512、524，
七·3、8、28、30、32、38、42、43、45、
46、47、48、49、50、51、52、53、58、
61、64、66、67、69、70、71、74、95、

99、100、101、102、107、111、113、114、116、117、118、120、127、128、129、132、134、139、142、145、146、155、156、163、168、178、187、193、280、284、285、289、300、301、304、305、307、309、310、321、324、326、327、332、357、359、367、368、391、398、399、404、409、410、412、416、417、419、430、433、435、444、450、451

胡经之
七·296、451

胡君
七·250

胡克
七·221

胡明
二·15、18、19、161、297，三·17、26、198，六·54

胡朴安
七·39、45、49、77

胡奇光
七·342

胡奇伟
七·124

胡启立
五·265，七·146、147、148、150

胡乔木
三·359，六·76、185

胡秋原
七·20

胡曲园
六·259、443，七·19、351

胡绳云
七·152

胡适
一·321，五·250，七·12、254、256

胡守钧
三·352

胡天风
五·219，六·352

胡拓
七·208

胡万春
六·386、387

胡星原
六·250、251、252、257

胡耀邦
二·290、296，三·335，五·191、357、521，六·100、101、198、222、337

胡裕树
三·46，六·61、104、112、229、350，七·277、279

胡云翼
七·323

胡征
三·364，五·530

胡志昂
七·234、330

胡中晓
七·397

户籍警王同志
六·230

花建
五·509，六·268、269、274、435，七·
338、339、349

化铁
三·31，五·248、249，七·12、13、14、
49、116、199

华岗
六·105、111

华格纳
七·320

华田
七·424、425

华宣华
七·352

华中一
七·254

还珠楼主（李寿民、李红）
一·379、380、381、382、383，二·377，
三·32、34、338，七·349、356、357、
358、390、394、408

宦国瑞
五·531

皇甫姜（皇甫）
五·143、146，六·144、159、204

黄碧野
三·36

黄川
一·386，二·147、148、215、257，七·
239、308、386、404

黄德伟
五·338，七·75、353、371、376、382、
384、386、395、433、446

黄和材（老黄、黄华山）
二·291，三·27、38、204，六·363

黄红宇
五·580

黄金山
五·389

黄静安
六·110、118、138

黄克诚
六·149

090

黄浪萍（浪萍）
一·249、250、251

黄乐琴
七·254

黄起豪
七·335

黄仁沛
七·20、228、231

黄仁宇
六·358

黄润苏
一·319，六·485、500

黄若海
五·157

黄裳
六·47

黄世坦
七·289、430、453

黄维梁
五·425

黄文君（黄姓同学）
六·164、198、203

黄汶
三·142、173

黄修己
六·268、274

黄英利
六·192

黄永基
七·442

黄永玉
三·12、337，七·142

黄源
二·333，五·209

黄镇伟
七·243、244

霍查
六·285

J

矶部夫妇
六·455

基希
三·50，七·452

吉卜斯
七·116

吉卜斯夫妇
(Prof. Donald Gibbs，Mrs Loretta Gibbs)
七·177

吉川幸次郎
七·318

吉田富夫
五·303

季博思
六·172，七·157

季诺维耶夫
五·268，七·392

季羡林
五·292，七·59、103

季源博
三·9、196，五·527

冀汸（陈性忠、性忠）
三·8、10、11、13、67、200、294，五·31、135、137、157、158、159、180、209、213、219、225、231、233、245、285、324、530，六·20、36、54、82、97、104、118、142、146、149、153、154、180、221、229、230、381，七·7、28、114、116、119、124、214、217、219、220、224、225、236、288、294、392

冀勤
七·217

加里克
六·190

加奈特夫人
三·231

加田哲二
一·389，三·20、203

迦尔洵
一·258，二·24，三·218

嘉寄尘
一·348，三·104

贾成林（成林）
五·137，七·331

贾翠丰（伯父）
三·11、17、18、19、24、56、76、77、78、80、82、83、90、93、97、126、146、160、161、235、239、241、246、247、248，五·528

贾蛋娃（蛋娃）
五·99、100、102、104、107

贾桂
七·447

贾国丰（父亲）
三·43、58、77、106、160、234、235、238、244、245、246、247、267、270、284，五·35

贾鸿猷
七·217

贾平凹
七·251、252

贾森林（森林）
二·291、292，三·239，五·137，七·332

092

贾树芝

三·235

贾新来（新来）

三·83、235

贾学忠

二·290、294、301，六·267

贾杨氏（母亲）

三·77、106、160、161、234、235、238、267、270，五·35

贾宜端（妹妹）

三·106、111、267

贾宜静（静妹、留妹、宜静）

五·83、149，六·222、224、230、237、239、243、248、258、273、274、318、348、384、397、418、436、438、439、462、468、469、485、494、503、507、522、525、544，七·3、28、34、82、89、106、191、195、256、335、358、359、381、382、391、396、401、429

贾益民

七·296、372、387

贾芝（冬来、大哥、哥哥）

一·329、331、340、341、342，二·30、308、415，三·24、26、30、31、36、43、44、55、56、58、77、79、91、92、93、94、97、102、103、111、136、202、223、224、232、233、235、238、239、241、242、243、247、266、270，五·83、86、100、110、118、119、125、129、131、132、133、134、135、136、137、

146、169、178、319、362、489、504、509、524、538、548，六·6、12、21、23、32、36、39、42、45、50、63、66、80、84、104、105、106、111、119、123、132、133、134、137、139、140、143、144、149、157、166、167、169、171、175、176、193、194、196、198、201、214、217、220、221、222、224、225、227、244、251、256、261、291、292、311、316、319、321、322、327、332、333、337、366、373、374、379、382、383、398、399、410、411、414、417、424、429、437、454、459、461、462、464、465、466、467、468、470、473、489、491、494、498、507、525、531、532，七·3、7、28、30、31、32、35、36、50、56、57、60、66、67、74、78、92、105、117、119、126、154、167、173、174、179、189、190、191、192、193、204、221、231、234、242、272、282、285、291、303、307、308、313、314、319、322、331、335、339、340、342、346、362、377、404、412、417、418

贾植芳（贾、植芳、Y·L、跟来、霍达森、冷魂、贾有福、鲁索、南候、王思嘉、杨力、张四、李四、贾先生）

一·296，二·11、12、14、15、16、17、18、19、22、23、38、41、45、57、78、80、118、119、120、132、162、209、224、225、270、287、288、290、293、297、298、299、302、409、431、435，三·7、9、11、13、14、16、18、32、33、38、39、43、48、49、55、60、61、62、63、65、66、68、70、71、74、75、77、83、84、92、95、97、106、108、110、

095

金耀基
七·271

金子文夫（金子）
七·225、226、243、244、259、335、
336、405、406、412

近藤龙哉
三·79，五·160、184、198、298、306、
307、309

晋驼
六·43

靳以
六·279

靳以的小女儿
七·239

景定成（景梅九、梅九）
三·104，五·440

景宋
三·102

景小佩
七·428

景振球（景兄、景君、老景）
六·11、13、32、35、42、50、56、66、
82、97、112、132、139、149、184、
187、192

峻青
六·386

K

卡尔·维特弗格尔
（Karl Wittfogel、维特弗格尔）
一·388、389、390，三·206，五·484，
七·175、338、415、438、439

卡夫卡
六·273

凯林
五·347，六·227、266、273、274、291、
292、321、327、351、388、414、429、
461、466、501，七·160、169、193、
221、251、313、331、332

康生
三·53，六·296

考茨基
三·132

柯根
一·344，三·231

柯蓝
五·145

柯灵
二·267、298、398，五·276、338、373，
七·100、323、325、382

柯平凭
七·125

柯庆施
二·433，三·150、210，六·10、83、130

柯文辉
六·166、172、194、197、199、204、
232、237、246、295、297，七·70、123

柯岩
六·21

柯韵弦
七·227、240

克鲁泡特金
二·24，三·93、296

克宜碧尔
六·141

孔繁宝
六·204

孔海立
七·239

孔海珠
二·366、368、369，六·62、63、73、75、
80、84、92、134、137、142、158、176、
184、248、325、431、458、475、543，
七·13、45、120、125、157、266、267、
269、325、351、428

孔捷生
七·146

孔厥
六·27

孔另境
一·336，二·368，五·157，七·325

孔令琦
七·431

孔罗荪
七·239

孔明珠
六·99

孔尚任
七·327

孔祥熙
二·48，三·67

孔子
六·6、38、518

库普林
一·344，七·353

L

拉吉舍夫
三·50、301

拉普
六·253

来新夏
七·159

劳伦斯
七·284、342、353、430、431

老舍

二·80，三·306、354，七·48、133、212、269

老谈

五·101、107、114、115、116、117、118、119、120、123

老子

一·371，六·271

乐黛云

五·410、482、490，六·395，七·59、81、249、251、252、259、265、296、300、399、408、410、434、451

乐嗣炳（乐先生）

二·296，六·3、19、30、37、45、48、56、63、80、98、120、140、156、160、224、301、368

乐秀拔（乐、秀拔）

六·29、31、41、62、66、87、99、114、123、127、128、131、166、227、234、235、240、244、265、268、274、275、317、325、326、334、336、344、346、347、357、359、372、386、388、392、393、394、397、404、411、412、431、447、450、530、543，七·13、41、63、67、99、111、124、125、226、266、351、364、415、416

雷巴科夫

七·417

雷风

六·197

雷石榆

二·33，三·57、61、79，六·7、12

雷抒雁

六·223

黎丁（老黎）

三·283，五·132、147、504、508、513，六·231、237、240、241、243、424

黎华

五·561、563

黎树堞（黎馆长）

七·75、101、107

黎辛

五·263

李昌华（昌华）

七·153、170、172、175、176、178、181、243、254

李长之

三·308

李春潮（春潮）

一·401，二·33、34、78、79、81、335，三·56、57、59、60、61、79、98、99、100、282、363，五·31，六·4、7、12、58，七·279

李存光

五·387、500、509、510、511、519、576，六·238、258，七·131

098

李存煜（小李）

五·475，六·411、431、447、472、476、478、503、522、526、529、532、539、543、544，七·9、10、63、91、94、101、103、124、457

李达三（John Deeney、约翰·迪尼）

五·150、489、490，七·8、18、30、32、36、37、38、39、40、50、74、75、102、198、292、312、342、370、371、375、382、421

李大钊

二·293，三·98、239、350

李旦初

七·312

李东（小李）

五·545、550、552、553、555、556、557

李丰年（丰年、李老板）

三·161、162、240、241，五·102

李凤吾（李老师）

三·306，六·119、161、195，七·278、284、325、443、451

李耿

六·187

李光华

二·291、293，三·43、239

李广田

六·8，七·207

李国涛

五·146、418、419、422、424、427、451，七·296

李国文

六·500

李浩吾

三·94

李何林

二·79、225、296、297、298、300，三·67，六·56、137、241、353、465、539，七·256、443

李鸿亮

七·177、178

李华飞

二·33，三·79、99

李桦

三·12、67、337

李怀亮

五·363

李辉（李、小李）

一·326、327，二·73、336、371、403，三·173、309、330、331、333、349，五·35、146、189、191、195、197、199、207、208、238、239、240、244、249、251、256、271、277、281、282、283、284、286、288、293、295、296、302、305、309、333、340、345、346、350、357、383、385、386、388、389、391、393、394、395、469、480、495、497、

099

500、501、534、536、544、553、556、
567、577，六·28、33、46、50、62、67、
71、72、78、80、82、83、88、97、100、
101、104、112、115、116、133、137、
139、140、146、148、149、154、159、
161、162、164、173、176、178、181、
182、185、186、190、201、203、205、
209、214、215、218、223、224、226、
230、239、241、242、244、245、247、
257、262、264、265、268、269、272、
276、283、293、294、295、305、306、
308、309、316、319、321、322、327、
333、348、365、381、398、418、420、
422、427、432、435、436、437、441、
442、450、461、462、467、474、484、
485、488、507、514、527、529、534，
七·7、9、15、16、17、27、28、38、43、
50、62、64、66、82、87、92、98、116、
120、141、152、164、183、185、186、
201、202、204、207、220、231、233、
291、292、313、320、322、328、331、
332、354、356、375、384、391、392、
393、399、415、417、418、451、452

李季
六·86

李霁野
三·102

李家辉
六·243

李家耀
七·419

李嘉陵（芦甸之妻）
六·57、255

李健吾
三·104、308，七·97、183

李劼人
七·250

李军
七·444

李恺玲
六·473、474

李立三
五·132

李林
五·493

李龙牧
七·16、80、85、87

李明诚
三·99

李欧梵
一·389，五·496，六·229、241、248、
319、425，七·46、140、143、144、146、
148、151、175、177、197、217、276、
298、321、369

李培基
七·302、317

100

李平（李）

二·14、15，五·172、200、205，六·53、54、86、90、117、123、131、137、143、171、181、182、186、196、199、203、231、232、259、297、298、307、311、327、329、341、344、387、415、501、505、510，七·7、11、12、33、44、54、76、98、280、310、422、450

李平朗

七·358

李平心

三·201

李岐山

三·104

李启伦

三·142、173，七·300

李青崖

一·391，三·131

李庆

七·251、262、270、310、380、420、428

李庆甲（李同志）

六·9，七·38、67、193、217

李庆云

五·117，六·22、30

李全安

二·87、116，五·560、562，六·324、326、354、418，七·96、101、166、184、231、252、276、280、281、283、318、346、375、413

李仁和

五·417，六·447、465、472、476、481，七·365、366、437

李若林

七·82、101、145

李慎之

五·357

李士德

七·245

李树凯

六·188

李松如

五·44

李涛

五·260，七·293、338

李万庆

六·107

李维时

六·88

李希凡

六·83

李锡胤

二·86，七·276、414

李熙宗
七·415

李小峰
三·199、七·88

李晓（晓棠）
二·422，六·23、46、47

李星华（嫂子、星华、星嫂）
二·289、290、291、292、293、294，三·
43、94、106、239、240、242、243、
267、350，五·131、163，六·6、7、23、
28

李雪平
五·441、442

李熏风
三·319

李一氓
六·296

李用存
七·13

李玉衡
七·432

李玉珍（李、小李）
五·128，六·3、14、16、21、32、48、
63、68、70、72、73、79、84、87、107、
111、115、118、121、134、138、142、
155、162、196、200、443，七·13、26、
44

李芸贞
五·218、260，六·172

李肇嘉
六·58

李哲愚
二·291，三·40

李振声
二·215、216、217，七·40、381、432、
434

李正廉
五·209，六·187，七·67、118

李致远
六·210

李子云
五·338、342

李子忠
五·10

李左
七·437

里根
六·461、462、464、467

力群
三·68

立波
六·333

102

丽尼

六·279

郦国义

七·432、440

梁必光

七·342

梁秉钧

五·425、533，七·290、370

梁继国

五·421

梁克虎

五·485，七·64、141

梁其英

六·59

梁启超

三·98、307，五·405，六·309，七·22

梁仁达

一·279

梁实秋

一·321、331，三·285

梁漱溟

一·403，七·340

梁晓声

七·115

梁遇春

六·305，七·254

廖伯坦

七·302、303

廖鸿钧（廖老师、廖先生、廖副教授、
廖、廖副所长）

五·489、490、492，六·331、367、381、
399、532、536、538，七·23、47、59、
69、71、72、73、158、188、257、264、
271、364、375、383、384、388、431

廖开飞

六·29、139、147

廖沫沙

二·291，六·109、110

廖天亮（天亮、小廖）

五·272、518、532、542、543、556，六·
504、506、528、535、541，七·6、17、
73、76、83、92、103、106、140、169、
170、173、175、203、207、214、216、
219、232、242、248、249、250、251、
258、259、264、267、270、271、274、
275、294、318、322、328、331、353、
380、391、436

廖宗宣

一·371，五·516、519、521，六·452、
460、529，七·21、61、68、105、116、
171、185、186、210、211、213、239、
241、259、265、312、332、334、349、
367

列宁（列）
一·362、390，三·218、296，六·107、
271、307、432，七·445

林聪标（林院长）
七·238、297、359、370

林道正
七·379

林帆
七·316、363

林非
七·428

林芙美子
六·502

林国屏
七·361、362

林憾庐
六·105

林焕平
六·128

林克
七·19、77、89、91、95、103、234、
308、314、341、424

林乐齐
五·515，七·116、166、172、281、328

林利平
五·562，七·242、275、291、314、334、

337、366、431、437、440、443、449、
455

林曼叔
五·224

林默涵
二·51、291，五·303，六·24、243，七·
48

林培志
七·327

林琴南
三·307

林清奇
七·361

林榕立
七·138、202

林纾
六·354

林同济
二·171、262、263、264、265

林仙
五·472

林贤治
五·350、351

林祥
三·177、179

104

林秀清（林先生）

六·404，七·4、16、23、24、26、32、34、35、45、79、92、96、108、138、185、188、273、316、325、334、336、417

林燿德

七·433、434

林语堂

一·397，三·135，七·320、417

林毓生

七·381、396

林之丰

七·245、435

林志仪（林老师）

六·128、139

铃木正夫（铃木、Suzuki Masao）

一·386，二·216，五·486、501，六·355、378、405、408、409、410、412、413、427、428、431、432、439、443、455、456、461、476、478、501、531、543，七·48、76、78、79、84、100、105、114、120、139、153、196、228、242、244、245、246、247、253、266、280、328、329、400、401、405、409、411、427、432、456

凌其成

七·98、101

凌叔华

一·321

凌云宝

七·13、30、82、125、172、227、441

刘白羽

二·308、309、310，三·54

刘柏青

三·306，七·274、276、434、440、455

刘半农

二·244，三·350

刘北汜（北汜）

一·360，二·39，三·13、14、19、23、24、299、301，五·503，六·153、276、322，七·95、207

刘北天（北天、老刘）

六·12、20、29、40、42、49、55、73、82、86、97、99、104、112、114、118、144、147、173、363、383、501

刘长鼎

七·421、426、427、448

刘大杰

一·321、391，二·409，三·45、46、47、66、131

刘殿祥

七·217、319、320、328

刘定海（小刘）

七·278、286、316、318、322、335、351、364

105

刘冬冠
七·414、431

刘鸿议
七·140

刘华庭（老刘）
五·366，六·487、499，七·18、51、93、
134、165、166、167、188、216、254、
291、320、322、333、336、339、347、
351、352、389、390、398、421、431、
449

刘结挺（刘）
六·24

刘介民
七·371、385

刘瑾
七·447

刘珏
七·234

刘懋功
三·92

刘呐鸥
三·314、316

刘坪
七·341

刘崎
七·437

刘琦
七·217

刘少奇
二·120，三·61、66、364，五·132，六·
44、51、71

刘绍铭
六·266

刘绍信
七·327

刘硕良
七·309

刘思慕
五·508

刘微亮
六·223、226、229、239、271、284、
285、286、355、356、386

刘为民
五·375

刘文
一·371

刘文祥
七·328、335、340

刘锡棣
六·35

刘宪之
七·341、342

106

刘祥安
七·338

刘小湄
七·451

刘晓林
五·365

刘晓玲
五·392

刘勰
一·366

刘心皇
五·250，七·11、12

刘新康
六·142，七·239、283

刘雪苇（雪苇）
一·365，三·31、32、35，五·161，六·65，七·48、118

刘衍文
六·182、187

刘耀林（刘先生）
六·182、188、198

刘禹锡
六·110、354

刘裕莲（小刘）
六·21、33、56、59、62、83、128、134、140、164、193、411、442

刘裕民
一·347，三·104

刘远游（小刘）
七·31、45、50

刘云若
二·310，三·319

刘再复
五·277，七·31、187、359、392、418

刘增杰
七·425、441、447

刘震云
五·393

刘植珊
七·12、350

刘志荣
二·340、365、371，五·355、580

柳倩
二·33，三·79

柳珊
二·365、371，五·580

柳亚子
三·37，六·267，七·266

楼适夷（适夷）
二·14、15，三·98，五·134、168，六·48

107

卢枫

七·322、343

卢鸿钢

七·69、138、151、162、167、212、226、232、241、255、256、261、270、282、287、293、310、338、350

卢鸿基（老卢、卢兄、鸿基）

二·418，三·67，五·185、195、202、207、245、507，六·166、172、189、190、191、192、193、194、196、197、199、201、202、372、512、525、536，七·7、223

卢季野

五·278，七·386、398、400、404、423、442、446、456

卢卡奇

七·336

卢康华（康华、卢君）

二·353，五·150、151、400、401、402、406、408、518，六·54、55、56、62、68、69、78、80、86、101、112、118、122、137、147、175、179、184、197、203、309、367、395、526、540、542，七·16、35、37、73、74、94、107、113、125、139、154、169、230、231、232、233、236、241、284、289、348、355、392、414

卢克绪（卢杨、克绪）

二·18、19、160、161、162、163，三·16、18、19、198

卢敏

二·160、163

卢倩（小卢）

五·515、517、518，六·78、102、105、126、138、139、141、178、192、330、331、361、369、433，七·22、31、32、34、35、41、123、219

卢梭

三·296，六·279、339

卢玮銮

五·151、425、488、489，六·75、76，七·157、228、348、428、456

卢元

七·437

卢志英

二·161，三·16

芦甸

五·29、157、173、174、457，六·136、237、238、243、255、296

庐隐

七·245

鲁阿夫人（米歇尔·鲁阿）

七·24、26、27

鲁藜

二·309，三·364，五·137、174、457，六·73、104

鲁煤（王夫如）

七·66

鲁萌

六·161

鲁迅

一·303、309、331、336、349、350、
352、362、367、369、376、377、378、
385、397、401，二·42、43、45、46、
47、61、74、95、97、98、111、133、
136、139、140、141、142、146、155、
167、176、193、195、203、204、215、
227、231、244、245、262、277、280、
289、293、298、322、327、328、330、
332、333、334、336、338、339、349、
350、362、367、368、371、399、401、
409、410、417、425、430、431，三·21、
28、47、53、98、99、100、101、102、
110、135、192、206、212、285、287、
288、291、292、299、306、307、316、
340、341、342、343、344、349、352、
353、354、355、356、358、359、360、
361、365，五·9、250、378、501、503，
六·8、14、20、25、38、51、56、59、
71、77、88、179、195、228、253、279、
302、334、335、376、380、388、389、
474、488，七·23、26、79、129、130、
161、187、219、224、235、287、296、
300、321、326、364、391

鲁彦

五·472

鲁彦周

六·490

鲁贞银

二·223、227、307、406，五·332、335、
336、357

陆定一

六·296

陆龟蒙

七·389

陆嘉生

七·437

陆金荣

七·183

陆晶清

六·181

陆蠡

五·494，六·279

陆萍

七·448

陆士清（老陆）

六·43、56、79、112、128、135、141、
158、163、182、187、200、205、211、
214、236、290、292、293、306、324、
344、352、353、361、369、373、374、
381、391、401、447、459、462、471、
475，七·123、146、148、197、226、
248、286、387、405、406、408、409

陆树仑（老陆）

六·19、21、32、33、79、86、105、115、
128、140、147、148、387、450、460、

461、467

陆文璧
六·184

陆文夫
七·90、112

陆跃东
七·428

陆政伟
七·355

陆宗植
一·380，三·28、29、34

鹿地亘
五·8、210、218

逯登泰
三·13

路卜洵
三·356，六·279

路翎（嗣兴、徐嗣兴、翎兄、路兄）
一·369，二·79、220、223、224、225、
226、227、237、296、297、304、305、
306、307、403、404、405、406，三·9、
10、30、31、36、63、67、361，五·31、
133、155、156、157、158、159、160、
163、164、168、179、185、193、197、
199、201、203、208、211、213、215、
224、229、230、232、234、236、238、
246、249、289、290、309、315、319、
323、327、457，六·7、20、21、28、31、

47、48、50、61、82、88、104、105、
128、136、154、155、172、175、196、
221、225、279、285、374、388、431，
七·25、28、42、44、48、49、66、68、
109、112、175、181、203、204、318、
347、355、415、430、454

栾梅健（小栾）
二·8、114、115，五·532，七·227、303、
314、334、338、341、347、360、366、
375、381、387、389、396

罗滨逊
六·50

罗大冈
六·253

罗钢
五·338

罗工柳
三·224

罗洛
二·310、311，三·10、31、62，五·28、
135、157、181、182、185、214、222、
229、235、236、248、249、252、253、
259、267、274、279、281、283、284、
290、309、324、351、523，六·322、
344、451，七·4、12、13、41、47、49、
53、70、81、82、84、88、96、116、
120、121、123、126、127、148、149、
224、226、271、280、300、348、350、
366、404、421、427、429

110

罗曼·罗兰
六·253、279、334

罗门
二·40，七·433、434

罗蒙诺夫
一·304，六·18

罗平
二·13，六·53、102、132、133、526

罗庆朴
七·288

罗石
七·4

罗晓荷
五·358

罗宣尉
七·52

罗伊·麦德维耶捷夫
六·284

罗永麟（永麟、老罗）
二·33，三·79、99，六·34、84、103、
104、143、162、163、180、192、225、
242、323、325、445

罗玉君
一·391，三·131

洛克
六·284

骆宾基（宾基）
二·331、335，五·363、364，六·181、
233、495，七·3、100、105、116、163、
253、413

骆何民
二·11，七·131

骆美中
二·16、18、50，三·9、16、17、111、
196，五·527

吕慧芳
七·232、233

吕静芝
七·442、451、453

吕俊君
六·163、167、170、173、177、192、
438，七·370

吕留良
三·212

吕美生
六·103

吕胜（小吕）
五·272、489、535、562，六·506、537，
七·17、52、57、73、78、80、107、108、
114、120、144、145、151、155、174、
194、198、251、259、265、271、274、
308、322、327、331、356、436、440、
455

吕荧
三·65、67、147，五·157，六·380

吕月生
七·304

绿原
二·296、345，三·67、86、364，五·132、
134、135、137、156、157、158、160、
163、164、167、173、184、186、193、
196、197、203、213、234、347、457，
六·21、23、43、48、61、64、65、97、
118、155、156、194、196、197、220、
222、243、490，七·30、48、66、307、
404

M

马爱德（Edward J.Malatesta，S.J.）
七·160

马场美智子
三·206，七·250、265、300、304、311、
312、339、361、372、414、439、457、
458

马场明男（马场）
一·390，三·205、206，五·484，七·246、
250、262、265、276、285、326、328、
339、361、399、404、415、438、439、
442、448

马达
六·181

马烽
五·439，七·183

马基佛利
一·257、260

马建之
七·371

马克思（Marx、马）
一·327、390，二·7、23、24、25、103、
104、107、155、280、305、328、349，
三·93、218、296，六·11、135、267、
271、317、337、354

马克·吐温
二·24，三·218

马拉美
三·239

马丽蓉
五·393

马良春
二·294、295、296、368，六·71、81、
82、140、142、149、152、248、306、
318、321、339，七·418、428

马临（马校长）
七·75、76

马森
六·211、212、214

马沙克
一·344，二·24，三·231

马蹄疾
五·275，七·247、248、346、347、354

马慰骅
七·420

马叙伦
二·10、49，三·8、364，七·256

马雅可夫斯基（马耶可夫斯基）
五·31

马玉美
三·156

马哲民
二·23，三·92

麦秆
三·12、337

满涛（张逸侯）
三·55，五·157

毛景明（景明）
六·323、325、440、442、448、453

毛锜
六·101

毛巧晖
五·395

毛时安
一·334，七·384、440、458

茅盾（沈雁冰、茅公）
一·309、369，二·227、245、298、299、367、368、369、399，三·21、102、240、299、306、307、317、359，五·134、135、136、198、219、221、242、378、503，六·8、40、60、62、64、66、71、73、92、107、137、145、148、150、158、159、195、256、334、389、473、488、496、501，七·37、201、234、235、237

茅廉涛
五·186

梅朵
七·156、238

梅林
三·10、35、62、328，五·523、527，六·37、127、324、445，七·176、177

梅仪慈
七·305、338

梅益
六·333

梅志（屠先生、梅大姐、梅兄）
一·352、354、355、356、376，二·42、46、157、212、213、310、334、404、413、414，三·35、55、69、101、109、111、144、145、146、147、148、194、198、292，五·25、26、27、28、31、146、157、161、162、163、166、167、169、170、171、172、173、175、176、177、178、179、180、181、183、184、186、189、192、194、196、198、200、201、203、204、205、206、207、208、209、210、211、213、214、215、217、219、221、223、225、228、230、231、232、234、235、237、239、241、242、

113

245、247、248、249、250、251、252、
253、254、257、259、262、263、265、
266、267、269、270、271、272、275、
277、279、281、282、284、285、286、
287、288、289、291、292、294、297、
299、301、303、304、305、307、308、
311、314、316、319、320、321、323、
325、327、328、331、332、334、335、
336、337、339、340、341、343、344、
346、347、349、350、353、354、355、
356、368、479、504、505、507、508、
512、513、527、552，六·7、13、22、
24、25、39、47、76、82、91、93、100、
118、122、137、141、143、144、146、
147、152、153、155、160、161、162、
164、166、167、169、170、171、174、
178、180、181、182、183、186、189、
191、194、196、214、215、216、217、
219、220、223、226、227、230、239、
240、243、244、245、259、262、264、
285、287、291、294、295、304、305、
317、322、323、327、328、332、340、
344、347、351、352、355、364、372、
382、388、389、390、391、400、402、
416、417、420、424、433、437、441、
442、447、455、468、469、481、487、
488、491、494、499、500、502、505、
508、512、518、524、526、527、530、
541，七·18、21、32、36、38、42、43、
50、51、53、55、66、79、89、93、94、
102、108、113、117、124、125、126、
134、142、143、145、146、148、149、
150、156、168、169、173、174、176、
178、211、213、220、233、237、243、
255、264、279、280、293、297、299、
304、305、307、314、321、327、332、
333、348、354、359、360、384、393、

398、405、412、418、435、439、446、
450、456

孟祥生

七·397、430、433

米川正夫

二·24，三·58

闵抗生（抗生、小闵）

二·140、141、142，六·59、64、111、
140、170、171、178、182、186、189、
211、243、294、445，七·65、117、123、
307、410、441

缪崇群

六·279

莫贵阳（小莫）

六·184、185、186、195、199、225、
266、282、311、387、424、426、429、
500、524，七·17、39、61、64、67、70、
91、133、238、242、376、377、387

莫索里尼

一·260

木斧（杨莆）

五·219、六·352、382、427、433、436、
447、477、493、508，七·267、303、
307、313、315、370、447

木之内诚

六·409、410、486、490、539，七·409、
410

114

穆木天
二·43，三·98

穆时英
三·314、316、317

N

拿破仑
一·257

内森·K·茅
六·413

内山完造（内山老板）
一·388、389，三·15、26、202

尼采
一·260、297、298、317、318、344、
360，二·23、139、140、141、262、306、
349、350、351、352、424，三·20、21、
22、23、93、231、291、296、299、300、
356、362，五·18，六·330、374、375、
七·19、224、240、248、287、326、385、
457

尼克松
二·209，六·307

倪海曙
六·104

倪墨炎
二·231、360，五·342

倪蕊琴
六·404，七·109、125

倪奕明
六·113

聂绀弩
二·80、81、295，五·162，六·22、23、
213

聂华苓
七·12、160

聂荣臻（聂元帅）
六·305

涅克拉索夫（Nekrasov）
六·54、221、318，七·450

牛汉（牛汀）
二·79、296、297，三·142、173、364，
五·132、134、136、146、147、149、
156、159、163、164、171、197、203、
209、211、213、214、219、220、221、
234、246、256、266、272、290、291、
296、302、303、309、310、315、317、
319、343、347、457、471、474、495、
497、504、506、513、514、515、516、
517、550，六·22、28、34、48、61、73、
80、81、82、86、87、114、123、132、
140、147、172、176、218、243、295、
328、506，七·30、66、74、86、252、
277、332、358、368、369、373、391、
404、423、438、439

O

欧阳山
一·377，六·270

欧阳寿荪
七·112、149

欧阳予倩
三·98

欧阳庄
七·41、116

P

帕斯捷尔纳克
七·258

潘保安
五·430、431，七·412、423

潘保根
七·351、426

潘富恩（潘）
一·312，六·28、29、98、111、114、162、233、263、379、381、393、394、447、481、487、534，七·6、82、92、265、353、354、357、433

潘汉年
六·291、296、298

潘行恭（行恭）
五·488，六·234，七·75、101、102、

107、118、132、155、226、347、355、356、367、371

潘开沛（开沛）
三·56、57、59

潘开滋
二·78、79、81，三·57、59、60、363、364，五·30、513、514

潘凯雄
五·532，七·309、332、343、348、353、356、359、457

潘慎
六·381，七·217、308

潘世兹
一·397，二·206、207、208、209、210，六·33，七·263、350

潘树广
二·92，五·486，七·303、304、314、315

潘维明
七·183、186

潘旭澜（旭澜）
六·56、91、480、481、485、487、493、496、507、510、523，七·22、41、82、97、106、124、226、237、249、258、288、301、350、365、383、405、434

庞志春
七·250

116

裴高

六·465、467、472、483、494、495、499、502、505，七·115、125、139、153、351、457、458

裴里甫

五·11

彭柏山（柏山）

一·365、377，三·63，五·157、169、175、180、213、226、233、234、279，六·62、166、217、324、325、337、371、382、416、471、537，七·18、25、52、58

彭德怀

二·56，六·226

彭飞

七·321

彭嘉强

七·234

彭康

三·98

彭斯

六·354

彭小莲（彭柏山女儿）

六·531、537、539，七·63、64

彭燕郊（燕郊）

二·268，五·204、488、520、539，六·306、310、324、327、348，七·81、82、84、105、120、124、129、140、153、

156、176、202、211、252、257、280、291、294、297、342、358、386

彭真

二·334，六·428

皮力涅克

一·303，六·8、18

皮沙列夫

七·221

匹克威兹

六·532，七·235

片山智行

五·278，七·417

朴兰英

五·525，七·426、429、430

平井博（平井）

五·305，七·409、410

平濑己之吉

三·15

平野义太郎

一·388

蒲伯

六·354

蒲宁

三·231

117

濮之珍
六·120，七·221

普里希文
七·346

普列汉诺夫
七·396

普列特涅夫
六·107

普实克
五·224、227、243、501，七·283

Q

齐克果
七·348

祁龙威
六·391

契诃夫（契氏）
一·302，二·107、169、227、228、298，
三·50、51、52、296、297、302，六·13、
340、346、355、407、530

千野拓政（千野）
五·295、302、305、309、345，七·409、
410

钱伯诚
六·156

钱承萱
七·392、400、452

钱谷融
七·105、150、167、206、237、249、
266、269、271、274、277、299、301、
319、327、328、349、356、377、386、
387、391

钱加俊
六·175

钱家栋
五·192，六·181、184

钱镜涵
七·261

钱君匋
七·256、341

钱理群
二·360，七·335、458

钱穆
七·402

钱纳水
三·68

钱伟长
七·227

钱雯
六·152

钱杏邨
三·350

钱玄同
三·98

钱亦蕉
二·340、371，五·580

钱瑛
六·163

钱锺书
二·264、324，三·308，六·374，七·91、267

钱仲联
七·389

潜明兹
七·261

浅野纯一（浅野）
七·251、259、298、357、390、427、440

乔林
七·384

乔木
六·373

乔长森
五·229、230、521，七·437、453、457

钦鸿（闻彬）
二·99、100、400、401、402，五·455、458、459、460、461、462、463、464、

466，七·228、229、260、269、272、274、287、351、408

秦德君
七·37

秦耕
七·261

秦瘦鸥
三·319，五·472，七·395、396

秦文津
七·373

秦文漪
七·353

秦贤次
七·428、429、435

秦湘
六·133、141、178

秦英
五·472

秦兆阳
六·65

秦忠祥
六·45

邱各容
七·428、429

119

邱文选
六·492、499、512、516

秋石
二·327、329、333、334、335、346，三·
323、五·354、355

秋田雨雀
三·100、341、353

裘小龙
七·411

屈宝如
五·23

屈毓秀
七·130

屈原
七·247

瞿启文（瞿军医）
七·224、242、325

瞿秋白
三·354、355、360，五·132、268、479、
七·4、50、64、235

瞿世镜
七·384

瞿志成
五·267、271

R

冉欲达
六·311

让宏模
七·357

饶鸿竞（饶老师）
六·172、182、186、193、213、257、
376、433、543，七·228、295

任飞
六·348

任钧（卢森堡）
三·98、99、110

任敏（朱明、敏）
一·276、281、282、295、300、310、
315、316、322、353、359、396、402、
405，二·14、15、16、17、19、39、40、
48、70、131、132、162、250、254、
266、286、288、293、309、336、337、
339、340、345、346、347、368、391、
394、395、396、406、413、430、431、
三·9、11、12、13、16、18、19、25、
26、48、54、55、56、60、61、62、63、
69、70、78、99、110、111、112、127、
131、132、135、139、143、148、165、
173、178、180、194、196、198、204、
221、228、229、245、246、251、255、
260、261、262、263、264、265、269、
270、271、272、273、274、275、276、
277、278、326、332、336，五·24、28、
35、36、37、38、40、41、42、43、44、

120

45、46、47、48、50、51、52、53、55、
56、57、58、60、62、63、64、65、66、
67、68、69、70、71、72、73、74、75、
76、77、78、80、81、82、84、85、86、
87、88、89、90、91、92、93、94、95、
97、98、99、100、101、102、103、104、
105、106、107、108、110、111、112、
113、114、115、117、118、120、121、
122、123、124、125、126、127、128、
129、131、133、134、135、136、139、
140、141、142、143、145、148、149、
150、155、157、158、160、161、162、
165、166、168、169、170、173、174、
175、177、178、180、181、182、183、
184、185、186、192、193、194、195、
198、199、200、201、202、204、205、
206、212、214、216、218、220、222、
223、225、228、229、232、234、235、
237、245、248、252、253、261、267、
271、272、276、277、281、283、284、
288、290、292、295、298、305、307、
308、309、310、312、314、321、327、
330、343、345、346、347、348、349、
350、351、352、353、356、365、366、
369、376、394、401、407、469、474、
477、479、488、489、494、507、510、
518、526、527、528、531、545、546、
547、548、549、556、577、581，六·5、
7、9、10、11、20、22、25、26、27、
30、31、32、35、37、39、40、41、44、
49、51、53、54、55、56、57、58、62、
64、67、68、72、74、76、77、78、81、
82、83、86、87、89、91、92、93、97、
98、99、101、102、105、108、110、
111、112、114、117、118、119、120、
121、124、127、128、130、131、134、
136、138、141、142、143、144、152、

153、154、156、159、160、161、168、
170、180、183、194、209、211、213、
214、219、220、223、224、230、231、
232、234、235、237、239、242、243、
246、247、248、249、250、251、258、
262、264、265、271、273、276、278、
289、291、297、299、301、303、306、
311、314、322、326、327、331、332、
333、334、340、341、343、347、348、
352、353、354、356、358、360、365、
375、377、378、383、386、387、390、
392、394、396、402、404、408、409、
411、412、417、425、427、437、438、
439、442、445、446、447、450、454、
458、469、482、483、484、486、494、
499、500、508、517、518、520、526、
527、533、535、543、544，七·33、34、
48、50、51、54、61、89、95、96、111、
116、125、139、190、217、219、220、
222、223、224、226、228、229、230、
242、243、244、246、251、254、257、
258、259、260、261、264、265、267、
268、273、276、278、280、286、287、
290、294、295、298、302、304、305、
308、312、314、316、317、319、321、
323、326、327、328、330、333、338、
343、349、351、355、358、359、370、
371、372、374、380、381、383、402、
414、417、422、424、426、436、442、
447、458

任一鸣

二·87，三·304，五·522、560、561、
562、563、564，七·91、93、98、102、
140、145、151、166、168、169、170、
176、178、182、184、198、227、231、
236、242、248、251、252、264、274、

275、276、277、279、283、284、285、
289、290、292、294、297、298、299、
303、310、313、314、315、316、317、
321、324、328、329、330、332、333、
336、338、339、343、344、346、347、
348、349、353、357、359、363、374、
377、380、383、385、386、387、388、
399、405、409、410、421、425、434、
435、436、441、445、451、458

任泽甫（二哥）
五·47、55、56、57、58、67、84、95、
112、113、121、122、124、127、143、
144、146，六·239、240、250、402、
429、433、485、536，七·118、119、
129、167、226、345、351、420

日丹诺夫
三·50、301，六·498

日下恒夫（日下）
六·457、458、463、476、499、500、
509、543、544、545，七·11、19、21、
22、23、207、223

荣华
六·49、72、106、128

柔石
一·369

茹志鹃
七·391、393

汝龙
六·346

汝信
六·75

阮同
七·61、135、136、141、156

S

萨尔蒂科夫
五·28

塞万提斯
一·241、363

赛甫琳娜
一·304，六·18

三岛由纪夫
六·259

桑旦华
三·319

森村诚一
七·227

森田正已
五·204

森炎
六·315、323、324、446

沙金
七·348

沙宁
五·16

122

沙汀
二·298，五·211，七·352

莎士比亚
六·248，七·441

山本实彦
一·350、377，三·101

山村公一
六·410

山口守（山口）
二·199、200、201，三·193，五·295、
308、316、387、389、392、511、576、
577，六·100、101、103、105、107、
118、141、145、158、159、166、168、
178、181、194、195、196、202、221、
266、272、299、311、326、387、409、
410、433、439、468、472、486、490、
538、539、545，七·11、35、46、62、
69、86、137、179、227、228、231、
234、254、309、328、333、337、339、
343、344、351、355、360、366、377、
382、401、404、409、423、429

山田教授
五·297

山田敬三
二·60、62，七·417

尚丁
一·359，二·171、247、248、249、250、
251，三·13，五·209、222、364，六·
153、154、156，七·50、53、56、58、
127、162、412

尚中
五·285

邵伯周
七·262、271、293、391

邵华
六·121

邵家麟
六·443，七·76、336、374

邵康铭（小邵）
七·15、45、65、70、74

邵理全
七·373

邵力子
六·267

邵荃麟
二·51，六·8

邵小珠
三·135，六·10

邵洵美
一·391、392、393、394、395、397、
398，三·129、131、132、133、134、
135、136、338，六·308

邵毅平
七·251、438

邵祖承
六·168

123

神西清

三·51

沈波

二·70，五·544、562，七·365、366、384、385、387、398、415、420、427、428、440、443、448、450、452、453

沈承宽

六·39

沈从文

二·204、262、263，三·313，五·494、503，六·69，七·292

沈端先

三·134

沈寂

七·395

沈建中

三·180，五·334

沈剑英（剑英）

六·90、92、104、121、122、170、184、325、401、404、408、412、436，七·13、52、82、105、125、226、351、440

沈杰飞

六·49

沈钧儒

二·15，六·53

沈可人

六·233、507、511，七·225

沈连清

六·113

沈念驹

六·178，七·422

沈仁山

六·185

沈仍福

五·190，六·99、101、103、105、118

沈瑞珏

七·82、441

沈三白

三·29

沈善炯

三·69

沈善增

七·437

沈伟

五·464

沈文倬

七·401

沈扬

五·578

沈颖（孙世义）

二·30、31、38、292、415，三·43、93、94

沈永宝（沈同志）

五·213、229、230、238、262、263、368、369、521，六·272、347、449、495、496、512、520、536，七·25、33、35、41、44、49、103、109、125、134、175、181、243、254、347、388、401、424

沈玉龙

七·411

沈元山

六·124、187

升曙梦

二·24

盛华

六·59、197、198、202、282、342、386

盛天民（盛君）

六·187

盛宣怀

一·395，三·134、135

师陀

五·276，六·231、534，七·27、303、382、428

施昌东（昌东）

一·311、312、367、368、369、370、371，三·49、64、65、329，五·516、519、520、521，六·28、29、43、50、53、64、69、88、98、99、109、111、114、117、118、122、127、128、133、142、145、161、162、166、168、172、174、180、187、189、191、199、209、216、217、219、220、226、227、229、231、233、234、235、236、237、238、239、240、241、242、243、247、248、249、256、257、258、263、265、266、268、274、278、281、287、297、312、316、317、323、327、328、334、340、346、347、352、353、357、358、359、360、361、362、363、364、365、367、371、372、378、379、381、382、383、385、386、387、388、389、390、391、392、393、394、395、397、398、401、403、404、405、406、409、411、414、417、452、481、487、489、534，七·6、19、22、25、27、34、61、68、83、102、105、114、115、116、136、171、174、186、198、202、204、211、213、214、239、241、259、265、305、306、308、312、332、337、339、347、353、354、356、373、409、433

施昌伦

六·362、372

施昌秀

六·390、461，七·274

施建伟

七·354

施燕平

七·237、238

施蛰存

一·391，二·267、409、422、434，三·47、48、65、131、185、186、240、314、316，五·276，七·59、281、298、311、

322、323、347、350、376、382、398

石炳炎
一·329、330，三·91

石川达三
六·501

石川啄木
一·334，二·53

石井和代
七·250

石灵
六·181

石明非
七·303、307、359

石桥成康
六·539

石晓林
七·328

史宝金
七·243

史承钧（史君）
六·42、52、123

史笃
三·30

史若平（史同志）
六·105、111、118、141

矢崎弹
一·350、三·101

守敬
五·133

寿涌（寿君）
六·42、75、80、128，七·343

叔本华
一·297，二·351，三·356，六·185、225

舒芜（方管）
二·403，三·10、13、66、67、69、75、
88、147、364，五·387，六·58、62、
128、243、300、304、305、306、311、
321、328、333、347、353、517、522、
528、535，七·219、220

舒孝明
七·437

水惠珍
三·149

水上勉
七·147

水月娟
七·131

司马辽太郎
七·238

司马长风
五·224

126

司汤达
六·12、13

斯宝昶
六·90，七·120、152、223、226、283、
288、299、351、450

斯大林
三·28、218、302，六·9、18、54、267、
318，七·145、286、311、345、392、
397、403、404、405、445

斯蒂芬·F.科恩
七·403

斯民
六·97、111、114、118、132、138、164、
170、192、223、369、370、497、498、
515、528，七·13、168

斯坦贝克
六·528

斯托姆
一·341，三·232

松井博光
五·316、387、六·107、141

松浦恒雄
七·417

松田穰
六·495

宋炳辉（炳辉）
二·137、138、231、365，三·142、188，

五·308、338、552，七·247

宋丹
七·391、403

宋开玎
七·444

宋琳
七·89

宋明炜
五·580

宋巧姣
七·447

宋庆龄
一·397，三·135，六·161、334

宋永毅
七·340、399、417、421

宋玉珩
六·144、394，七·82、289

宋哲
五·313

苏步青
六·388、457

苏麟阁
二·10，三·147

苏迈德
七·238

127

苏曼殊
三·98、307

苏青
三·201，七·243

苏兴良（老苏、苏老师、苏、兴良）
五·132、134、136、137、138、140，六·
19、21、28、29、32、33、39、41、46、
48、52、56、59、61、62、63、66、69、
72、80、85、87、88、90、101、103、
117、121、124、126、127、140、141、
160、161、163、178、179、182、186、
190、193、196、197、198、201、202、
205、223、224、250、255、256、258、
263、274、277、301、304、315、324、
326、334、335、339、342、344、367、
369、370、406、410、411、414、420、
421、422、441、442、445、447、450、
452、459、460、461、464、467、471、
476、487、496、522、524、525、529、
540、545，七·10、17、27、36、51、53、
61、62、63、67、68、69、83、89、93、
104、117、118、119、139、140、141、
144、145、146、150、157、178、182、
183、186、188、205、215、229、241、
245、260、271、272、279、284、287、
315、316、371、407、412、417、427、
432、443、445、456

素雅
一·386

孙保泰
七·12

孙大雨
二·207，三·112、113、365，七·416

孙钿
三·201，五·197、204、222、226、530，
六·230、235、398，七·84、116、317

孙桂森（老孙、孙、桂森）
五·417，六·282、291、313、344、378、
380、381、385、387、398、399、400、
405、420、446、447、449、454、465、
472、476、481、491、494、501、523，
七·10、45、82、139、152、185、204、
248、324、326

孙国光
七·309

孙家晋
七·262

孙建明
七·447

孙进
七·21、46、105、347、367

孙晶
二·340、363，五·580

孙景尧（景尧、孙君）
二·3、4、5、353、354、355，五·151、
399、401、402、404、406、408、409、
411、482、483、484、485、486、487、
488、491、492、518，六·173、174、
181、190、196、210、213、273、275、
292、295、330、380、391、393、411、

128

427、454、463、535，七·23、24、26、
32、37、38、39、57、58、60、61、68、
85、127、134、139、152、156、158、
166、171、172、186、216、217、218、
222、237、241、247、251、264、265、
268、290、291、294、300、302、305、
323、327、343、347、360、369、382、
389、391、392、394、404、409、439、
450、456

孙克恒
七·325、348

孙骊
七·331

孙立川（立川）
六·351、466、532，七·9、28、29、35、
45、48、63、76、104、112、136、166、
189、212、244、268、291、328、329、
366、457、458

孙隆基
六·134、138、143、145

孙乃修（乃修）
一·331，二·70、231，三·285、324、
332，五·231、236、239、288、307、
310、312、315、318、329、501、510、
511、521、532、533、536、537、539、
540、541、542、543、544、545、546、
547、548、550、551、552、553、554、
555、556、557、558、562，六·173、
176、178、188、191、211、212、213、
215、225、231、239、261、263、264、
272、275、277、282、306、315、317、
318、324、326、349、357、367、370、

371、393、395、400、404、408、409、
410、411、416、419、423、425、428、
430、435、440、444、445、446、447、
448、449、451、452、454、456、467、
468、471、481、488、491、496、509、
513、516、523、526、527、529、535、
536、537、538、539、540、543、544，
七·6、12、15、17、18、20、31、35、
41、47、49、53、56、66、69、92、100、
104、121、124、151、153、154、156、
166、175、186、213、224、226、236、
268、274、282、299、303、310、317、
350、382、386、399、403、406、416、
418、435、437、439、440、457

孙小琪
二·64、65、66，三·184，五·280、286，
七·125、314、348、388

孙延林
七·414

孙冶方
五·222，六·335

孙宜学
五·580

孙用
二·409，三·47、48

孙瑜
三·66

孙玉石
七·428

129

孙正荃
二·187、188、378、380，三·323，七·361

孙中田
六·107、446

孙祝瑾
七·292

孙自强
七·431、455

索尔仁尼琴
六·252，七·203

索天章
七·342

T

台静农
三·67，七·433、434

谈蓓芳（小谈、蓓芳）
二·424、425，五·553，七·343

覃汉川（汉川）
六·218、250、299、392、446

覃树谦（树谦）
二·40，六·214、218

覃小川
六·220、221、225、228、230、249、257、261、277、443、446

覃英
六·88

覃子豪（子豪）
一·401，二·29、30、31、32、33、34、35、36、37、38、39、40、213、415，六·3、4、12、61、220、233、261、293，七·230、299、306、382、398、399、445、449、450、451

谭达华
六·226

谭其骧
七·39、77

谭启泰（小谭、谭）
六·22、50、80、81、99、114、124、128、143、147、155、166

谭兴国
七·147

谭震林
五·196

汤淑敏（汤女士、汤同志、汤、老汤）
二·125，六·35、63、74、78、79、83、96、100、115、116、117、148、149、159、160、260、476、519

汤天一
七·387

汤学智
七·364

130

汤逸中

七·249、319、324、356

汤因比

七·248

汤哲声

二·277，七·336、337、338

汤珍珠

七·124

汤真

七·387

唐达成

七·352

唐代凌

七·437

唐凤楼

七·319、320、321、323、325

唐功儒

七·354

唐金海

（小唐、唐老师、唐君、唐、金海）

五·139、141、144、145、146、147、
416、500、501、503、509、531、567，
六·14、16、19、21、22、23、28、29、
30、32、35、40、41、44、45、46、50、
52、53、56、59、60、61、62、63、64、
66、67、68、69、71、72、73、74、76、
77、78、79、80、81、82、83、84、86、
87、88、90、92、101、104、107、114、
115、117、121、122、123、127、129、
131、132、133、135、139、141、142、
145、146、147、148、149、152、154、
158、160、161、166、169、170、176、
181、182、184、190、196、197、200、
202、212、218、223、225、230、236、
237、242、243、246、260、264、274、
278、279、282、284、289、301、302、
317、319、321、325、328、329、330、
331、333、334、335、336、339、342、
343、344、349、352、359、360、365、
368、378、384、395、405、406、410、
411、412、415、423、425、427、429、
431、433、447、448、449、451、452、
453、455、457、458、459、465、467、
470、476、477、478、483、484、485、
486、488、499、501、510、513、516、
536、539，七·18、22、23、29、43、45、
52、57、68、71、83、85、104、113、
120、130、133、137、140、141、147、
165、167、169、188、189、196、201、
205、226、229、236、252、267、281、
290、292、296、303、307、310、315、
334、335、337、338、350、351、352、
357、362、368、370、371、382、405、
424、427、438、439、446、447、456

唐龙潜

七·217

唐湜

三·350，五·386，七·309、355

唐弢

五·27、134、257，六·56，七·399

131

唐涛
七·45、264、283、317、318、338、359、
368、372、375、390、396、447、456

唐天然
六·51

唐维安
七·203

唐应光
七·197

唐瑜
七·165

陶德民
六·500

陶菊隐
三·212

陶其情
六·15

陶庆军
六·465

陶希圣
三·92，六·100

陶铸
三·367，六·164

田边义明
七·335

田汉
二·13、367，三·86、87、98、139、350、
六·133、135、147、148

田南帆（南帆、小田）
五·289、291、294、296，七·115、124、
144、170、173、202、234、236、244、
248、280、300、309、310、402、415、
456

田一文
五·502，六·48

田仲济
七·306

铁托
六·51

樋口进
六·387、429、431、436

同济成
五·19

同重奎
七·253

童炜钢（小童）
六·179、415、511、514、532，七·9、
13、31、58、81、86、157、170、186、
222、238、305

屠格涅夫
一·241、275，六·279、291、295

屠款款
七·327

屠鹏
七·376

托尔斯泰
一·241、251，二·23，三·52、58、93，
六·279

托洛茨基（托洛斯基）
三·296，五·268，七·255、311

陀思妥耶夫斯基（杜氏、杜思退益夫斯
基、Dostoevsky）
一·256，二·23、24，三·93、218、231、
304，五·539，六·6、229、252、279、
365、487、488、513、527，七·43、128、
385

W

丸山茂（丸山）
二·254，七·246、247、336

丸山升
五·293、298、302、306、534、535，七·
334

完艺舟
六·297

万同林
五·246、349、351，七·6、10、11、15、
17、24、29、31、33、38、48、56、63、
81、91、100、107、114、118、125、
153、182、213、218、252、381

汪东
七·322

汪济生
七·223、332

汪精卫
三·42、246

汪凌
二·365、371，五·349、350、394、580

汪文济
七·229

汪文郁
七·394、408、436

汪西卡
六·177、194、198、199，七·456

王安石
七·351

王安忆
七·449

王百秋
六·119

王彬彬
七·434

王传新
六·197

王春燕

六·139，七·36、306

王道乾

七·273、384

王德宽

六·401、403、405

王东明（小王）

一·371，七·19、21、23、26、29、34、
35、50、80、84、167、168、235、258、
271、340、352、357、373、434、455

王夫之

一·326

王富仁

二·259，七·335、399

王岗

七·333、356

王国安

七·417

王国维

三·21、98、299、307

王国秀

三·45

王浩（美籍教授）

七·226、227、228

王浩（同学）

三·230

王皓

五·157，六·234，七·299、450

王恒守

三·112、365，七·416

王宏图

五·525、562，七·171、223、242、256、
275、282、284、289、290、291、303、
304、305、306、307、310、318、328、
337、339、350、357、359、363、374、
380、382、385、388、396、399、402、
420、425、449、451、455

王华良

六·327、492、493、496、499，七·13、
357

王惠芳

六·172

王继权

六·436、447、448、452、457、458、
463、474、478、483、486、492、508、
509、510、516，七·4、16、17、19、22、
32、81、103、127、141、151、168、
211、216、253、368、417、451

王冀（王馆长）

七·54、57、101、107

王建

七·271

王建新（王君、王）

六·98、101、114、126、131、297、298

134

王锦园（小王、锦园）

五·520、521，六·449、457、475、481、
486、509、514、518、527、536、540，
七·37、39、43、46、56、77、83、86、
91、92、93、99、109、112、133、135、
138、139、140、143、144、145、154、
160、162、163、166、168、169、179、
185、186、190、195、205、217、233、
240、245、253、256、257、259、267、
270、294、297、306、310、311、314、
339、347、354、357、367、370、373、
375、383、429、430、444

王进珊

七·198

王景昌

七·401

王康

五·356、357

王克恭

六·395、404、446、466、471、472、483

王克起

七·269、272

王克强

六·528，七·7、10、29、31、48、84、
91、118、131、142、190、201、239、
253、257、260、297、376、454

王零

三·31、32

王茂荣

七·309

王蒙

七·112

王明根

七·325、339、351

王宁

六·395、471

王戎（王、老王）

三·62、67、150，五·136、156、157、
165、171、172、175、178、181、190、
196、200、202、209、213、245、250、
251、252、253、259、267、270、272、
274、279、284、505、523，六·7、8、
13、22、30、31、32、34、36、47、55、
56、58、64、83、84、87、88、97、98、
99、105、106、110、112、114、118、
126、128、133、138、139、141、147、
148、152、153、154、155、156、157、
159、160、163、164、165、169、170、
171、172、174、176、178、180、182、
187、188、189、190、192、197、199、
211、219、220、222、235、237、241、
254、255、272、290、297、308、336、
339、382、394、444、445、483、508、
526、533，七·13、28、30、36、38、43、
47、48、51、65、66、96、117、123、
126、127、148、149、161、168、177、
202、212、215、224、226、239、253、
266、281、285、299、304、306、307、
328、341、357、366、376、391、404、
410、419、421、425、433、440、458

王锐
六·174、235、318、480

王润华
五·531，七·400

王绍
六·119、120

王实味
二·272、334，七·381

王世敏
七·415

王世纬
七·220

王世英
二·292，三·43

王姝
六·199

王淑明
六·141

王树艺
三·68

王水照
七·94、101、197、246、259

王铁
六·168、173

王铁仙
七·379

王同坤
三·142

王维祺
七·271

王卫国
六·113

王文英（小王）
二·260、261，七·27、54、59、60、62、
175、184、193、196、230、231、244、
245、249、306

王西彦
五·276、278，六·231，七·382

王锡全
六·415、425

王熙梅
七·13、226、444、446

王祥
五·500，六·334、339、352、386、432、
433、475、476、478、487、506、513、
535，七·22、97、98、102、103、108、
113、114、123、126、172、215、244

王象遥
七·182

王小逸
三·319

王小珍
六·192

王晓明
五·278

王晓昀
七·392、393、394、415、423、427、
428、435、436、443、449、457

王辛笛（辛笛）
五·276，六·245、439，七·23、27、111、
222、273、303、384、405、412

王信
五·506

王秀英
六·483、485

王秀珍
三·254

王训昭
六·190

王亚南
三·93

王亚平
二·33、36，三·79

王尧
七·251

王瑶
一·404、405、407、408，五·144、148、

288、412、434、443、485、522，六·60、
336，七·43、97、130、137、183、302、
331、361、399、418

王一平
七·337

王懿之
（陈太太、王夫人、王先生、王老太太）
六·15、17、19、22、27、43、111、124

王颖
五·562

王永生
五·125、129，六·444、493，七·4、5、
13、37、40、43、89、406

王友贵
二·360，五·580

王聿祥（聿祥）
三·330，五·196、197、201、213、223、
226、227、228、229、257、258、261、
262、469、478、479、480，六·69、71、
93、108、112、115、121、126、127、
129、132、133、137、138、141、142、
146、149、153、160、164、165、166、
175、189、223、234、265、268、275、
326、327、328、343、362、393、394、
401、404、417、424，七·13、80、82、
89、125、219、227、265、337、351、
408、448

王元化（方典、元化）
一·365，二·250，三·35、63、297、298、
309，五·27、157、161、175、190、199、

137

209、212、222、225、229、234、236、
240、251、257、259、262、274、283、
290、324、338、527，六·38、62、78、
104、115、118、119、156、175、176、
184、186、187、225、234、235、276、
324、338、379，七·23、38、41、48、
50、51、58、59、81、84、96、120、
121、123、126、127、134、135、145、
148、149、165、177、180、217、218、
240、260、268、278、280、295、320、
322、323、340、349、366、372、381、
384、404、410

王缘
三·336

王运熙
三·46，五·525，六·350，七·384

王造时
二·207，三·112、113、365，五·27、28、
七·416

王哲甫
六·60

王振邦
七·441

王振复
七·372、402

王振科
七·400、421

王志强
七·250

王智华
七·351

王智量（智量）
七·283、305、404、406、440

王中（老王）
二·312、313、314、315，五·94、95、
96、103、111、112、116、117、119、
120，六·14、21、37、44、57、128、155

王中青
三·92

王忠舜
六·184、189、197、198、199、201

王子澄
三·199

王自立
一·386

王宗法
七·455

危刚
七·212

威勒克
七·261

韦遨宇
七·455

韦丛芜
三·48

138

韦君宜
五·351，六·261

韦秋琛
三·12、14、23、48、197，七·278、286、
312、316、400、401、411、424、448

韦韬
二·299、369，六·149

韦元
七·400

伟琳
六·462、464、499、511

尾崎康（尾崎）
七·262、270、274、279

卫国尧
三·80、81

卫红
七·351

魏绍昌（魏老同志、魏同志）
五·136、178、181、185、190、503，六·
32、33、34、39、40、44、47、51、53、
57、58、62、64、71、169、183、185，
七·311、313、314、315、316、376、391

魏子云
五·488

文劲
七·363、412

文乃山
六·135

文振庭（文君、文老师）
五·321、503，六·33、38、41、48、51、
59、62、63、80、88、123、134、137、
138、141

闻捷
二·234、287

闻一多
三·308，七·67、134、289、367

翁思奇
七·86、146

翁义钦
六·183，七·128

沃罗夫斯基
六·225

巫岭芬
七·33、110

巫宁坤
七·75

吴奔星
七·228

吴必岑
六·118

吴承恩
一·363

139

吴德润
七·5、16、17、89、125、149

吴调公
七·389

吴定宇
六·191、196，七·370、371、377、381、
416、422

吴二南
三·149，七·131

吴福辉
一·407，五·323

吴国香（小吴）
七·301、450

吴瀚飞
六·168、173

吴宏聪
五·574，六·376、433、441、534，七·
252、262、267、270、273、275、289、
295、302、314、334、336、341、370、
371、377、380、385、389、448、451

吴欢章
六·173、197，七·12、217、226、240、
245、256、282、298、317、319、321、
350、357、360、364、366、369、409

吴继耀
七·227、351

吴趼人
七·438

吴剑岚
三·45，六·7、23、28

吴竞跃
七·82

吴克刚
七·234

吴朗西
五·499

吴茂生
七·285、373

吴宓
三·308、五·405

吴岐
三·42、44、111、147，六·34

吴强
六·62、439，七·177、280

吴峤
五·374、375、376、377、379

吴泰昌
七·303、315、316

吴廷璆
三·57、61

吴文林
六·228

吴文祺
三·45

吴奚如
二·295，五·165、168、505，六·20、22、31、38、48、51、59、110、129、170、173、181、186、188，七·18、28

吴晓林
七·261

吴晓明
五·197

吴新华
七·451

吴兴文
七·429

吴义勤
五·473

吴跃农
七·380

吴樾
五·519，六·445、490、504、513、524、528、544，七·33、62、63、93、135、141、146、151、153、170、175

吴正
三·199

吴中杰
二·232、236，三·219，五·400，六·172、213、317、324、353、359、372、374、405、415、430、439、447、469、503、509、525，七·158、218、267、269、270、272、274、288、328、338、350、396、406、417

吴仲华（小吴）
六·154、156、172，七·149

吴子敏
五·266、496，六·236、244、341，七·181、206、276

吴宗锡（左弦）
五·486

吴祖光
五·176，七·292

伍尔芙
七·384

伍加仑
六·97，七·363

伍蠡甫
二·265，六·443，七·31、59、80、91、128、353、355、359、369、372、382、386、387、412、421、434、448

伍尚中
七·351、369、427、429、441

武杰华
七·127、142、344、348

141

武则天
六·4

X

西海
五·211，六·235、237、327、371、375、394、459、469

西门庆
七·326

西蒙诺夫（Simonov）
五·501，六·275、424

西戎
七·112

西泽富夫
二·19，三·27

希法亭
三·132

希特勒
六·376、533

郗潭封
三·13

郗铁莹（铁莹）
六·156、172、192

悉尼·胡克
七·308

席坦风
五·134

夏嘉杰
六·77、105、126、139、140、148、149、153、154、157、170、176、177、193，七·227、263、309、314、324、346、352、359、362

夏钦翰（伍隼）
三·67，五·183，六·84、92、117、124、132、142、146、147、153、166、169、190、192、193、194、201、283、306、330、332、345、347、348、349、350、351、367、386、469、512，七·60、62、65、70、71、100、120、121、127

夏瑞春（Aerian Hsia）
七·63

夏晓远
七·22、61、132、141

夏写时
七·276

夏衍（夏）
一·396，二·367，三·98、134、139、351，五·27、105、167、168、191，六·24、38、48、65、71、77、85、204、240、272、291、303、307、308、373，七·33、59、60、172、392、397

夏元文
七·389

夏征农
五·191，六·178、197、198，七·277

夏志清
五·167、221、224，六·307、308、309、
372、373、374，七·283

夏仲荪
七·212、384

夏仲翼
六·535、536、538，七·96、121、130

香坂顺一
六·87

向群
三·149

向志
七·318

项杏林
七·254

相浦杲
二·60、61、62、63，五·240，六·457、
465、472、473、474、475、490、500、
538，七·454

肖翠菊
七·149、377

肖岱
七·177、218、349、379

肖复兴
七·238

肖家鼎
七·37

肖力
六·175

肖斯塔科维奇
六·248

肖也牧
三·36

肖自立
七·159

萧斌如（老萧、萧同志、萧女士）
二·387、388、389，五·510，六·26、32、
45、62、81、82、88、100、120、138、
141、152、161、182、183、221、317、
345、484，七·244、266、279、318、
323、325、351、398、443

萧兵
七·302

萧伯纳
一·258，三·135

萧红
二·327、328、329、330、331、332、
333、334、335，三·99、341、355，五·
354、524，七·414

萧军

二·78、79、80、81、296、297、320、327、328、329、330、331、332、333、334、335，三·60、61、102、341、342、355，五·137、165、238、276、354，六·21、85、229、322

萧乾

二·267，三·240，五·276，七·292、382

小杜

六·235、358、361、379、381、387、388、390、392、394、395

小华

七·226

小堺昭三

七·386

小林二男（小林）

六·133、137、141、178、179、491、496，七·227、289、409

小林文男

三·173

小瓯

六·346、394、447、448、455，七·102、216、219、226、241、265、274、304、307、330、354

小思女士

七·435

小宋

七·450

小田切秀雄

五·218，六·356

小彤

五·281、282、283、489、532、535、542、543、545、549，七·216、219、221、230、254、255、258、265、272、282、304、312、323、325、337、342、343、354

小徐

六·524、527

小张

六·405、408

晓风（张晓风）

二·211、213、406、413，三·111，五·24、158、168、170、175、177、178、180、182、183、184、186、193、194、195、196、197、198、202、207、210、213、217、221、222、223、227、228、229、231、234、236、238、240、241、242、244、245、248、250、252、253、254、255、257、258、259、260、261、262、268、271、273、274、276、277、289、290、292、305、307、312、317、318、320、321、322、323、325、327、329、332、333、337、339、340、343、349、350、351、356、357、358、424、505、507，六·160、161、166、177、178、180、182、189、190、194、219、259、264、321、400、404、420、424、433、443、476、491、494，七·42、49、64、66、71、87、113、116、117、142、148、201、299、327、332、369、418

晓谷（张晓谷）

二·433，三·111，五·158、173、178、179、180、181、249、267、272、273、288、299、313、326、329、340、342、349、350、357、358，六·175，七·47、96、101、267、301

晓林

七·260、261、331、332

晓山（张晓山）

三·111，五·128、158、164、168、175、182、183、202、203、209、212、216、217、218、219、220、241、244、245、248、249、259、260、264、266、267、272、273、277、283、287、290、291、305、307、313、320、329、350、357、358，六·28、325、339、344，七·111、112、188、332、418

谢冰莹

二·47，三·110，七·430

谢长安

七·234、251、252、280、309、312、321、322、326、333、358、361、365

谢大光

二·116，五·564

谢尔宾娜

三·50、302

谢胡

六·202、286

谢晋

七·254

谢兰郁

六·105、188，七·232、380、383、406

谢六逸

三·98

谢曼诺夫

七·203、350

谢爽秋

二·291，三·40

谢韬

五·203、269、270、290，七·66

谢天振（小谢、天振、谢）

二·175、176、177、178、182、183、271、273、282、283、284、346、371，三·227，五·150、151、373、409、410、487、489、490、491、544、551、553，六·367、381、402、413、419、433、450、451、453、456、457、459、469、478、491、494、495、497、499、501、512、514、532、545，七·17、19、21、22、23、36、37、38、39、42、43、60、66、67、69、72、73、74、75、76、77、79、83、106、107、109、124、140、144、155、162、179、180、193、198、204、213、216、217、226、230、233、247、264、273、275、276、277、284、288、290、291、292、294、296、300、302、305、311、313、318、330、335、336、343、350、355、357、365、367、370、372、376、379、382、383、387、

145

394、404、406、409、412、415、418、419、429、431、434、442、448、452、453

谢挺飞（挺飞）
七·23、27、61、66、67、74、86、91、167、170、322、442

谢挺宇
二·291，三·40、108、172、225，六·245、366、440，七·445

谢位鼎
一·394，三·133

谢蔚明
二·334，三·337，七·243

谢希德（谢校长）
三·222，六·414、505，七·11、77、86、194、246、275、308、316、424

谢泳
五·451

辛未艾
七·23、273

辛志超
二·15，六·53

新谷秀明
七·357、390、394

星名宏修
五·307、317、385

熊庆来
三·94

熊庆永
三·94、95

熊泽富
三·50

须井一
三·101

徐邦泰
七·100、114、157

徐贲
七·31、63

徐冰
三·221

徐采石
七·50

徐常太（徐公）
六·19，七·227

徐迟
七·280

徐大椿（徐女士、老徐）
六·31、34、40、41、47、50

徐放
三·364，五·203、267、319、349、391，七·3、30、129、232、259、266、267、331、407、417

徐恭时
六·52

徐景东
六·148

徐静波
七·433

徐镜平
六·187

徐俊洪
六·113

徐俊西（老徐、俊西、徐君、徐）
二·369，五·419、420、421、486，六·5、
6、22、62、90、110、178、179、182、
231、238、256、283、300、305、325、
330、350、352、353、355、357、360、
370、382、383、385、386、388、389、
390、391、392、394、429、430、441、
447、448、461、472、475、482、483、
495、510、511、521、533，七·4、30、
52、125、128、148、156、179、198、
199、201、207、212、218、246、259、
267、269、273、303、305、318、329、
332、333、338、346、347、348、349、
357、365、372、384、405、428、429、
431、437、458

徐开垒
五·283

徐肯堂
二·19，三·17、198、199

徐立
六·83

徐霖恩
五·283

徐迺翔
二·100，五·506、507、512、525、538、
六·52、69、86、96、100、140、149、
216、223、247、269、321、433、441、
452，七·6、190、198、228、237、245、
253、254、255、257、272、277、278、
322、376、389、428、429

徐鹏
六·278、336、344、350、411、417、
421、493、494、503，七·8、70、89、
109、135、176、194、200、204、227

徐启华
七·25、134

徐启堂
一·404，二·19，三·17、27、198、199

徐寿民
六·105、110

徐斯年
七·243、244

徐苏灵
六·45、48

徐文玉
六·79、80、83、100

徐霞村
三·314

徐秀春（小徐）
七·370、375、376、382、399、402

徐羽厚
六·216、238、272、452，七·284

徐震
七·227

徐志摩
六·240、241，七·134、377

徐志啸
七·356、422

徐中玉
七·218、249、277、323、349、376

徐自强
七·394

许宝华
七·12

许宝骙
五·310

许道明
七·77

许地山
二·221、222，七·141

许广平
一·360，二·132，三·145、342、355，
五·378、379，七·95

许杰
二·400，五·276、472，六·61、62、196，
七·105、167、249、300、303、382

许觉民
六·81、82、83、148，七·418

许敏岐
五·211、213、224、406、407

许史华（史华）
二·171，三·20、54、62、138、203、
302，五·28、157、158、217、523，六·
96、97、98、157

许世旭
七·430、435、457

许寿裳
三·102

许遐
一·241

许子东
一·386，七·371

薛凤生
五·483，七·450、451

薛汕
七·261、332、335

薛淑琴
七·350

薛绥之
七·7

薛涌
七·231、233

学孔
五·145

学礼
五·144、145、146

学思
五·146

雪莱
三·307

Y

痖弦
五·276，七·382

雅可夫列夫
六·107

亚里斯多德
一·258

亚历克赛·托尔斯泰
一·358

亚历山大·库恩
一·297

严北溟
二·154，六·184，七·374

严锋
二·152、153，三·142，五·562、580，
七·92、139、171、190、242、275、289、
290、291、306、311、314、326、333、
334、340、371、381、385、391、397、
413、424、440、455

严复
三·307，六·354

严家其
七·260、363、453

严家炎
七·245

严建平
七·394、397

严谨（严同志）
六·21、39、44、108

严麟
七·91、110

严嵩
六·14

严修
六·62、138、143、154、177、179，七·
124、358、417

阎纯德
六·124、199、203，七·337、433

149

阎绪德
五·199、507，六·175、192，七·108、
109

阎哲吾
六·299、311、325、327、328、390、
483、484

颜次青
七·291

颜海平
五·505、542，六·212、213、216、226、
243、246、283、312、318、346、359、
407、424、449、528、529、538，七·57、
58、130、194、242、249、257、274、
276、324、328、329、332、366、453

燕林（小燕）
五·137、526，六·217、230、264，七·
331、332、418

阳翰笙
二·13、367，三·86，五·257

阳云（羊翚）
二·40，六·223、225、251、316、439、
475，七·240、301

杨必
二·262、264、265

杨斌华
七·341、348、413

杨帆
一·323，三·84，六·296、307、390

杨奉琨
七·276、277、315、353、386

杨观海（P.Glassman、Peter Glassman）
七·30、38、39、40、83、86、90、91、
94、102、118、121、134、135、136、
138、141、344

杨桂欣
五·242，六·103

杨桦
七·307

杨绛
二·264，三·39，六·255，七·323

杨竞人
七·30、236、289、335、350、358、376

杨娟
七·297

杨匡汉
七·434

杨立元
七·327

杨岂深
二·263、265，七·261、269

杨西光
三·70、71、74，七·171

杨宪益
三·308，五·28，六·276

150

杨小滨
七·307、317

杨杏佛
一·397，三·135

杨埙
七·301、378

杨勇翔
七·413、414

杨友梅
五·181、182、185，六·54、188、189、192、196、197，七·96、98、116

杨云
六·418

杨占升
七·322、327

杨兆龙
三·112、365，七·416

杨仲录
七·438

杨周翰
二·354，七·23、47、59、71、75、289

尧子
五·405

姚北桦
六·182、193、413、417、445、523

姚奔
五·472，七·13、43

姚金永
七·176

姚青苗（青苗）
六·339、386

姚文元
一·326，二·433，三·63

姚献民
七·446

姚雪垠
七·245、359、392

野泽俊敬
六·431

叶碧芳
七·263

叶锋
六·164、167、178、183

叶甫图申科
七·258

叶灵凤
三·314

叶鹏
六·326、397、401、405

151

叶圣陶
二·51、399，三·10，五·134、378，六·
66、267，七·389

叶水夫
五·292，六·32，七·48、128

叶文玲
六·378、390，七·269

叶孝慎（小叶）
六·79、87、118、119、153、154、157

叶以群
三·99，七·187、188

叶易
六·324、392、396、398、447、532，七·
32、111、225、245、328、350、431

叶元章
六·129、131、132、133、134、166、
178、184、193

叶长青
七·396、450

叶芝
七·411

叶至善
六·196

叶志方
七·255

叶子雄
七·314

伊尔文
一·257

伊凡·蒲宁
一·344

伊礼智香子
五·319

伊藤虎丸
五·306、313

医生小文
七·226

易卜生
一·259、260

易新农
七·165

殷国明
七·390、446

殷海光
七·145、380

殷海国
二·111、112，六·533、534，七·109、
110、218、278、291、366

殷琦
七·446

殷学海
五·48、49

殷仪
六·66，七·240、288、302、310

尹世明
六·324、457，七·178、188、195

尹学龙
六·165

应必诚（老应）
六·146、148、164、173、180、182、
193、196、198、212、225、228、229、
259、277、289、290、293、307、323、
324、327、355、359、360、367、378、
385、388、391、392、393、402、408、
420、421、426、435、446、455、457、
459、461、464、466、467、469、470、
472、473、475、476、479、480、487、
489、491、503、506、508、509、518、
519、523、532、533、534、540、541、
545，七·19、21、27、29、30、35、38、
39、59、81、84、123、124、154、217、
245、260、271、289、293、319、356、
366、408、415、416、429、456

应凤凰
七·428、435

应光彩
五·274，七·357、368、369

应国靖
七·429

应红
五·288、309、383、386、389、390、
391、393、394、395、517、518、519、
520、522、525、531、533、534、553、
577，七·291、417

应锦襄
七·218、230、247、451、453、455

游汝杰
七·375

有岛武郎
七·224

于成鲲（成鲲）
二·102、104、105，七·17、226、240、
316、448

于东元
五·543，六·421、446、447，七·219、
245、356、379、419

于伶
二·369，五·338，七·209

于敏（于同志）
五·166，六·29、57、76、77、79、108、
111、112、113、114、121、142、147、
149、172、333、348、404、447、460

于明夫
五·480、519，六·472、476

于子道
七·284、285

153

余安东（安东）
一·323，六·488、501、502、531，
七·335

余明英（明英）
二·225、226、227，三·10，五·133、
136、155、156、164、179、180、530，
六·82、154，七·450

余上沅（余先生）
一·321、322、323、324、391，二·71，
三·45、46、66、131、324，六·226、
298、311、314、505，七·170

余世谦
七·229

余所亚
三·12、68、337

余天玲
七·227

余振
六·430

余子林
七·165

俞鸿模（俞）
二·15、16、18、50，三·9、16、17、
111、196、197，五·157、158、527、
528，六·58、234、333

俞亢咏
六·342、343

俞平伯
三·36、66，五·310

俞润生（俞君、俞某）
六·139、153、155、170、171、182、
194、201

俞天白
七·315、373

俞天玲
七·388

俞元桂
七·344

俞子林
七·323、339、346、352

郁达夫
一·384、385、386、387，二·36、214、
215、216、217，三·98，五·537，六·88、
302、306、307、315、329，七·79、100、
209、239、386、398、401

郁飞
五·537

郁风
六·185

郁惟刚
七·403、406

郁文
七·437

154

郁云
一·386

遇罗锦
六·238、242

园谷弘
一·388，三·15、79、98、205、206，七·263

袁彩
七·247

袁鹤翔（袁先生）
五·151、487、488、489、490、491，七·39、42、43、50、54、74、75、80、83、101、102、105、197、198、213、359、368、369、370、371、375、379、406

袁可嘉
六·43

袁绍发
七·302

袁世凯
六·68，七·306

袁殊
二·47，三·109

袁水拍
三·62，六·42

袁晚禾
七·127、128、195、378

袁涌进
五·455

袁越
六·93、534、536、541，七·29、36、48、49、76、78、93、125、227、232、233、282、284、311、317、321

袁震宇（袁某）
六·238、446

袁志英
七·432、458

远浩一
七·222、265、271、362、364、365、427

Z

臧克家
六·200，七·303

臧原惟人
六·253

曾果伟
六·524

曾华鹏（华鹏）
一·386，二·205、277，三·329、330，五·469、473、475、507、532，六·69、183、229、333、339、349、365、372、390、393、394、395、427、428、429、435、450、457、460、490、493、505、510、532、535、540、541、544、545，七·26、59、82、105、141、181、244、249、381、389、409、451

曾静
三·212

曾敏之
六·129、138

曾文渊
七·256

曾小逸（小逸）
七·10、35、39、61、67、90、92、93、
97、125、130、144、203、207、227、
240、274、318、320、339、351、382、
423

曾卓
五·155、157、158、201、213、272、
503、512、518，六·20、31、51、59、
62、67、78、88、104、105、110、111、
123、133、141、142、160、161、255、
262，七·18、70、116、245、275、280、
281、313、391

增田涉
七·79

查志华（小查）
五·543，六·184、240、241、242、250、
263、281、282、338、364

斋藤哲郎
七·285

翟津壮
七·426、434、436、448、456

詹纳尔（W.J.F.Jenner）
七·203

张爱玲
六·308，七·244

张本
五·288

张兵
六·282、357、361、396、478、483、
536、538，七·118、296

张伯海
五·517

张才根
六·148、167

张成德
二·54，五·434，七·183、296

张存谦
七·402

张达
六·128、181

张大明
二·368，五·506、507，六·189、216、
223、224、304，七·272

张道藩
一·394，二·13，三·86、133

张德林（德林）
二·303、304，三·330，五·469、476、

477，六·100、184、197、217、282、394、538，七·8、13、82、125、308、343、344、349、351、425

张德明
六·421、431、465，七·218、341、433、455

张仃
三·224

张光年
五·282

张国安（国安）
二·95、96、97、98、309，三·142，五·329、436、471、472、492、552

张和静
六·524

张恨水
三·319，七·430

张恒
五·340、341

张红豹
七·443

张化（张某）
六·177、179、183、186、188、203、213、231、238、251、272、281、300、403、530、531

张化隆
七·94

张辉
七·421

张慧珠
六·96、177

张建基（工人小张）
六·300、492、509，七·351、457

张建军
七·262

张建新
六·143

张锦
七·371

张静河
七·236

张静庐
二·434、435，三·199

张静莹
七·280

张居正
六·14

张珏
七·399、410

张爵侯
六·129、234、235、275、326，七·13、82、227

张可
六·187

张立华
七·318、455

张梁木
七·210

张林
七·309

张鲁纯
七·178、179、456

张孟闻
三·112、210、365，五·472，六·129、130、132、156、168、180，七·416

张敏
二·340、383、384、385、386，三·323

张墨池
五·440

张乃立
七·269

张宁（小张）
五·404、405、406、409，七·370、371

张谦清
六·364

张勤
七·280

张青平（青平）
七·238、253、268、378、379

张仁健
一·334、二·54、七·97、130、194、213、223、294、413

张锐
五·83

张世藩
六·172

张世禄
三·45

张受图
六·94、95

张思德
六·271

张涛
六·396，七·12、85

张涛甫
二·365

张天翼
一·331、377、三·102、285、六·39、七·36、51

张廷琛
五·366、488、491，七·37、38、39、40、69、70、117、123、130、134、135、141、144、150、160、170、172、182、186、188、190、216、217、229、231、

232、233、241、246、271、274、287、291、292、297、300、306、321、375、377、383、407、410、411、413

张挺
七·457

张维雄
六·126

张文定
七·140

张文江
五·496，六·197

张文宣
七·360

张贤亮
六·469，七·98、107

张献忠
七·390

张晓翠
七·181

张晓林
七·337、430、455

张晓云（小张）
六·289、475、478、480、481、482、483、484、488、528、537，七·338

张新颖（新颖）
二·196、197、222、274，三·142、304，

五·357、436、563、580

张星烺
六·268

张兴渠
六·120、123、139、177、186、194

张循
七·62、68

张业松
二·223、227、271、280、307、405、406，三·142，五·339、350、448、580

张一弓
六·443，七·67

张沂南
七·458

张友济
七·95

张有煌
七·347

张幼峰
七·295、324

张禹（王思翔）
一·365，三·62、67，五·157、158、159、214、523，六·45、47、56、57、61、85、86、89、117、155、166、177、178、198、249、428，七·116、245、265、305、306、310、337、421

159

张运梅
七·256

张泽厚
六·474

张志民
七·129

张志新
六·223

张智园
五·492

张中晓
三·62，五·157、523，六·228、234

张忠孝
六·474

张竹均（张同志）
五·191，六·74、86、155、204，七·51

张资平
三·98，五·473，七·247

章德良
五·495、504

章培恒（章、培恒）
二·193、268，三·46、64、65、277、
329，五·301、369、492、524、529、
533、555、557，六·87、88、109、114、
146、154、162、166、169、175、182、
204、209、214、216、227、228、232、
233、256、290、304、320、324、326、
333、337、352、353、367、382、383、
388、390、391、392、393、394、397、
398、402、412、427、455、475、483、
487、498、504、520、521、524、532、
544，七·5、13、21、37、51、74、80、
82、97、111、126、162、171、195、
210、211、218、226、227、228、232、
234、241、245、253、260、268、270、
295、306、318、321、323、324、334、
343、349、351、373、375、376、379、
387、391、396、401、403、406、415、
416、417、418、420、447、456

章培恒儿子
七·456

章品镇（章公、章先生、吕镇兄）
二·125、126，五·217、219、220、225、
236、249，六·63、66、169、170、180、
182、192、196、199、277、293、299、
302、311、320、328、339、349、350、
351、356、357、365、370、372、373、
375、378、379、381、382、389、391、
394、396、399、413、430、433、441、
442、451、452、457、535、543、544，
七·12、21、57、63、115、134、140、
141、145、195、259、275、316、323、
368、369、370、397、412、455

章太炎
三·98

章文涛
五·427

赵斌
七·155

160

赵博源（博源、赵）

一·390，三·330，五·481、484，六·31、32、38、80、81、92、96、99、100、103、105、118、127、139、144、148、156、157、162、168、175、192、193、199、200、203、233、256、267、347、349、394、468，七·13、23、25、28、69、82、119、125、126、137、168、227、250、281、289、296、309、350、356、421、438、441

赵长天

七·303

赵丹

三·253

赵二湖（二虎）

五·420

赵广建（广建）

五·145、419、420

赵家璧

三·46，七·235、323

赵坚

七·321、325、341

赵景深

一·386，二·57、283，三·45、254、307、317，五·158、286，六·16、19、52、75、141、467，七·18、88、127、195

赵俪生

六·83

赵敏恒

七·406

赵明（赵老师）

六·51、65

赵铭彝

三·302，七·189

赵瑞蕻

七·405

赵树理（赵公、赵）

一·405，二·276、277、287，五·200、415、419、420、421、425、426、427、429、430、431、432、435、436、440、441、443、446、447、448、449、488、489、509、520，六·267、338、339，七·104、112、152、169、176、183、190、193、448

赵易亚

六·271

赵翼

七·331

赵正（化龙、赵化龙）

二·221，三·95、96、97，五·75、77，六·366、539、542、544、545

赵紫阳

七·222

赵祖武

七·219、221、267、301、325、361、423

161

郑板桥
七·361

郑北渭夫妇
六·276

郑伯奇
三·98

郑超麟
二·270、273、275，三·185，五·352

郑东宁（东宁）
三·62，五·523，六·101

郑怀礼
七·199、 204、 268、 271、 335、 338、
346、357、358、359、370

郑康林
三·35、328

郑清茂
六·414、426、486

郑万隆
一·371

郑文晖
五·580

郑文礼
七·358

郑叶（郑同志）
六·143、145

郑异凡
六·107

郑逸梅
七·323

郑择魁
七·266、377

郑振铎
三·307，六·462，七·274

郑子文
六·147、148、210、388、448，七·12

志贺直哉
七·152

中岛利郎
七·244

中条百合子
三·101

中屋敷宏
五·204

中裕史（中君）
七·427、440

钟敬文
三·307，五·369，六·336

钟理和
七·182

周斌
七·362、456

周斌武
二·274，七·443

周伯戭
七·410

周策纵
六·244

周成
七·254

周春东（小周、春东）
六·19、21、22、30、32、35、37、39、
44、46、63、79、84、100、107、111、
121、124、137、140、141、142、152、
189、195、198、200、233、241、242、
249、251、254、281、298、317、320、
321、327、333、335、364、442、443、
475、522、525，七·27、53、62、63、
64、144、239、243、304、316、432、
445

周恩来
三·61、350，六·24、25、27、71、267、
297

周而复
三·54

周丰一
五·137

周谷城
二·267，七·359

周海婴（海婴）
三·355，五·343、379，六·100，七·48、
66

周涵嫣
五·580

周惠生
六·129、137、142、154、212、216、
226、244、341、346、353、444、481、
482、483

周建
六·20、27、39、42、45、78、80、83、
96，七·217

周建人
二·17，三·111、355、356

周介人
七·382、388、391

周鲸文
六·58

周励（小周）
六·510、512，七·252、279、286、322、
335、341、347、398、457

周麟
二·30、31、415、418，三·93、94

周宁
五·363

163

周师母
七·227

周瘦鹃
二·190、191、192，三·319

周书兰
三·142，五·388

周书龙（书龙）
七·247、423

周树人
一·353

周天籁
二·109，三·319

周同庆
七·226

周伟鸿
二·371，五·580

周文
一·377

周宪生
六·104

周信芳
六·6

周扬（周、周公）
二·43、212、226、294、295、296、298、
367，三·62、98、292、349、350、351、
360、361，五·105、160、165、191、
211、218，六·22、23、24、27、77、84、
85、91、123、137、144、148、204、
243、253、259、333、368、373、374、
389，七·48

周英雄
五·492，七·371、388、446

周颖
七·66

周予同
二·19、154、267，三·17

周治国
二·291，三·40

周忠麟（小周）
七·15、100、211、346

周作人
一·341、358，二·292、360、361、425，
三·43、94、98、239、307、350、356，
五·501、512，六·302、329、425、464，
七·18、23、95、119、134、219、220、
286、315、336、378

朱宝梁
五·455、458

朱碧莲
六·90、91、92、103、105、234、323、
345、358、394，七·33、82、100、125、
285、334、351

朱大路
六·346、348、356、357

164

朱德
五·82

朱东润（朱、朱先生）
二·57，三·45、254，六·186，七·4、5、20、31、96、101、212、237、348、349、351

朱栋霖
七·387、389、415、421、425、427

朱谷怀
六·154，七·116

朱光甫
七·239

朱光潜
三·37、308，五·405、六·276、411

朱建华
六·319、329

朱剑农
二·291，三·40

朱杰人
三·200

朱金和
七·227、337

朱金顺
二·294，五·319，七·241、428

朱静宇（小朱）
二·8，七·338、360

朱镜我
三·98

朱可夫
七·392

朱立元
七·40、60、125、128、132、134、138、175、180、228、245、249、297、350、371、384、391、394、424、430、436、446、452

朱利英
五·514、567，七·8、18、98、123、229、260、354

朱鹏民
五·428，七·278、328

朱舍和
七·32

朱微明
五·180、222、226、233、239、260、278、279，六·78、160、188、193、217、267、268、313、321、324、325、333、335、337、338、344、357、358、371、392、397、399、402、403、404、408、411、412、416、418、422、435、436、438、440、448、451、458、466、468、470、471、475、476、488、493，七·8、11、12、25、26、40、48、58、61、408、409、424、425、426、427、446、448、450

朱维之
七·394

朱雯
七·23、262、271、273、383、384、388

朱锡侯（朱颜、锡侯）
一·340，二·30、31、415、416、417、
418、419，三·93、94，六·23、218、
220、222、224、231、256、273、280、
319、326、334、339、348、351、352、
354、358、420、434、467、472、486、
492、501、509，七·454、455

朱衍青
五·323

朱耀祖
七·131

朱造坦
六·49

朱寨
七·195、399

朱贞木
七·382、390

朱正
三·355，五·351

朱自清
三·308

竹内实
七·197、259、427

庄锡昌
七·195、231、430、433

庄钟庆
七·218、229

庄宗伟
七·257

宗有恒
七·231、426、432

邹荻帆
三·24，五·137，七·66

邹剑秋（邹副校长）
六·98、382、383、386、387、394、412、
427、432，七·4、85、86、128、131、
139

邹用九
七·271

邹羽
七·448、458

左拉
五·495，六·279

佐藤春夫
三·99、100、341、353，五·249

其他

А.杰绵基耶夫
五·31

С.Д.巴鲁哈蒂
三·50、297

A.迪尔蒙
六·333

Alexander Eliasberg
六·7

Bonnie Lawlor（芭妮·珞拉）
七·233

C.S.席勒
七·246

David Magarshack
六·352

David Punter
七·371

Deborah Kacanek（柯善妮）
七·137、144

Donald H. Shively
七·34

Dr.Richard P.Suttmeier
七·268

E.维吉达（Ernest Vajda、维吉达）
一·360，三·20、24、298、300，七·95

Earl Miner
（迈诺教授、Prof.Miner、E.Miner）
五·411、483，七·268、303、305、353、378

Franklin Parker
七·174

Gale S.Awaya
七·88

George Sand
六·513

H.G.Wells
七·289、367

H.谢迪克（H.Shadick、Harold Shadick、谢迪克）
七·176、194

I.Bunin
六·400、407

John Salter
七·137、139

Josephine Mathews（马若芬）
七·228

Laurence Binyon
六·408

M.Galik
六·243

M.Goldman（Goldman）
五·497、498，六·55、57、58、59、63、65、190、372

M.怀特
六·248

167

书名篇①

A

《阿尔巴特街的儿女》
七·417

《阿 Q 正传》
一·321，三·356，六·179、329，七·161

《阿诗玛》
七·325

《啊》
六·40

《啊，野麦岭》
六·117

《哀悼胡风同志》
二·405

《癌病房》
六·252

《艾芜研究专集》
七·252

《艾煊散文选》
七·268

《爱德华大夫》
六·370

《爱情三部曲》
一·369

《爱之路》
六·295

《安·巴·契诃夫和他的时代》
七·79

《安德列耶夫小说戏剧选》
六·506

《安徽大学学报》
五·162

《安徽文学》
六·67、154、300、301

《安娜·卡列尼娜》
六·425、428

《安特列夫研究》
一·344，三·231

---

① 本篇除收录书名外，还包括文章、报刊、电影、戏剧、电视剧等作品名称。

《暗夜行路》
七·152

《奥德赛》
三·308

《奥涅金》
七·70

《澳洲和东亚人物辞典》
七·372

B

《八大山人诗钞》
七·253

《八女投江》
三·281

《八月的乡村》
六·229

《巴尔扎克传》
七·114

《巴金笔名考析》
六·85、87

《巴金的世界》
五·576

《〈巴金的世界〉序》
二·199

《巴金访问记》
五·511，六·40

《巴金和他的著作——两次革命中的中国青年》
五·160、503，六·14、17、28、42

《巴金六十年文选》
七·224

《巴金论稿》
一·325、326，五·525，六·276、295，七·163

《〈巴金论稿〉序》
二·73，六·504、506、523、532

《巴金年谱》
二·423，六·107、111、218、477、486，七·281、310、311、312、313、315、316、362、364、447

《巴金文选》
七·352

《巴金小说人物论》
二·239

《巴金小说艺术论》
七·339、429

《巴金写作生涯》
七·91、98、107

《巴金研究论集》
七·377、429

《巴金研究在国外》（未出版）
一·327，五·516，六·496、502、545，七·20、228

《巴金研究资料》
一·326，二·421，六·238，七·108

《巴金：永生在青春的原野》
二·239

《〈巴金：永生在青春的原野〉序》
二·239

《巴金与安那其主义》
六·387

《巴金与福建泉州》
二·200

《巴金与萨柯·凡赛蒂事件》
二·200

《巴金与文化生活社》
六·228

《巴金与西方》
五·498

《巴金在横滨》
二·200

《巴金在上海》
二·200

《巴金著译年表》
六·258

《巴金专集》
三·311，五·499、512，六·21、29、31、
40、43、44、45、51、53、72、75、77、
78、79、115、120、121、122、126、

131、141、144、146、148、149、154、
164、166、174、189、196、198、200、
201、202、203、210、211、212、213、
215、216、218、219、220、221、225、
230、265、319、320、331、332、333、
334、339、340、342、343、344、359、
360、361、362、366、367、369、372、
373、389、410、430、451、452、453、
455、483、484、510、511、512、513、
523、524、536

《巴金传》
五·322、323、553

《巴金作品评论集》
六·465、478、485、486、487、488，七·
145、165、179、188、196、285、430

《〈巴金作品评论集〉编后记》
六·485、528

《巴黎的忧郁》
六·299、311

《巴马修道院》
六·13

《巴山夜雨》
六·117

《白话书信》
二·23

《白话文学史》
七·256

171

《白乐天评传》
七·328

《白莽作〈孩儿塔〉序》
一·367

《白毛女》
六·310

《白色花》
五·457，六·194、252

《白色花劫》
二·310、311

《白蛇传》
六·166

《百草园》
七·432、433、434

《百花洲》
五·281、282、295、525、530，七·435、
448、451

《百家》
七·340、373

《百年潮》
五·356

《百叶文丛》
七·97

《柏山与胡风及胡风事件》
七·424

《半把剪刀》
六·27

《包法利夫人》
二·194

《报告文学》
七·224、286

《报告文学春秋》
五·430、432，七·252、253、423

《报刊动态》
五·162、163

《报刊文摘》
五·253、530，六·179、368，七·368、
384、435、445

《暴风雨交响曲》
三·337

《暴风雨中的儿子》
六·184

《暴徒万岁》
二·49，三·364

《悲哀的玩具》
一·296，五·307、310、315、437、438、
439、536、554、555、556，六·479

《悲痛的告别——回忆胡风同志》
七·100、248

《北斗》
一·350、二·43

《北方土语辞典》
二·368，三·277，六·87、209

《北京晨报》
五·199

《北京城杂记》
七·292

《北京大学比较文学研究会通讯》
七·103、133、223

《北京大学学报》
六·281

《北京日报》
五·189

《北京晚报》
五·238、249、505、509，六·226、248、
309、462、467、484、488，七·98、231

《北美游记》
一·396

《奔赴香港》
二·331

《鼻子》
一·241

《比较文化论集》
七·54

《比较文学 500 题》
七·283

《比较文学辞典》
七·221、231、273、321、325、336、342

《比较文学：从西方到中国》
七·283

《比较文学导论》
二·4，五·518，六·309、526、527、528、
七·63、241

《〈比较文学导论〉序》
六·295、391、392、393、399、404、
535，七·32

《比较文学的理论与实践》
七·123

《〈比较文学的理论与实践译文集〉序》
七·130、134、141

《比较文学的危机与发展前途》
七·305

《比较文学概论》
七·94

《比较文学高级教程》
五·485，七·291、294

《比较文学简编》
七·447

《比较文学论》
七·284

《比较文学论文集》
六·532

《比较文学论文选集》
六·241、242、347

《比较文学史》
三·308

《比较文学通讯》
七·245

《比较文学研究》
七·283、291、333、360

《比较文学译文集》
七·69、306

《比较文学与翻译研究》
二·175

《比较文学与孙景尧》
七·179

《比较文学与外国文学》
六·331、345、368，七·97

《比较文学与一般文学年鉴》（*Yearbook of Comparative and General Literature*）
七·121、130

《彼得·施莱米尔怎样徒劳地寻觅他所被夺的影子和他的最后遭遇》
三·68

《笔颂》
六·225、387、424

《笔谈》
五·198

《俾斯麦》
一·260

《必须严厉镇压胡风反革命集团》
三·58、313

《编辑学刊》
七·257、283、291、321、381、412

《编译参考》
六·54

《变色龙》
六·444

《别林斯基选集》
七·178

《冰点的热度》
二·382，三·323

《〈冰点的热度：比较文学和世界文学论集〉序》
二·382

《冰峰探险队》
六·283

《冰壶韵墨》
七·341

《冰心近作选》
二·300

《病夫治国》
六·228

《病中集》
六·536，七·244

《勃留索夫日记钞》
三·304，五·560、561、563，六·281、310、324、326、345、354，七·166、184、231、274、294、296、297、298、317、319、425、453、454、457

《勃留索夫日记钞（1893—1905）》
二·84、86、87、116

《博采众花　以酿己蜜》
七·165

《博采众花　以酿己蜜——〈中国现代文学研究译丛〉总序》
六·537、539

《博士生导师名录》
七·373

《博益月刊》
一·383，七·432

《捕风捉影》
一·397，三·135，五·29

《不安的灵魂——胡风与日本文学、日本作家》
七·163

《不可救药的人》
三·47

《不列颠在印度的统治》
六·11

《不能忘却的纪念——我的朋友们》
三·337

《不平静的银杉湖》
七·151

《不受欢迎的缪斯》
七·376

《不受欢迎的缪斯——1937~1945年的北京和上海的中国文学》（英文本）
五·512

《不许贬低鲁迅》
七·129

《不应神化鲁迅》
六·128

《布哈林案件》
六·267

《布哈林与布尔什维克革命》
七·403

《布莱希特与中国京剧》
七·276

《布礼》
六·39

《布留索夫集》
六·545

《部长家的枪声》
六·300

C

《财主底儿女们》
一·369，六·191、374，七·42、68、204、347

《彩虹》
七·342

《彩色的河流》
七·92

《参考消息》
六·44、307，七·200、286、296、311、361、445

《曹靖华研究专集》
七·279

《曹禺研究专集》
七·114

《草黄色的影子》
一·309

《侧影》
七·58

《茶馆》
三·354，六·335

《查拉图斯特拉如是说》
一·344，三·231、291，六·186

《查泰莱夫人的情人》
七·234、342

《禅的世界丛书》
七·407

《禅与文化》
七·407

《禅与西方世界》
七·407

《禅与艺术》
七·407

《禅宗与中国文化》
七·232

《忏悔录》
六·142、189

《长城》
六·123

《长江文艺》
六·59，七·59

《沉沦》
一·386，六·329

《沉闷期的断想》
三·291

《沉默的朋友》
六·166

《沉思的历史，历史的沉思》
七·373

《沉痛悼念邵荃麟同志》
六·8

《陈独秀书信选》
七·402

《陈望道文集》
六·341

《陈望道语文论集》
六·116

《陈望道传》
六·116、118、119、120、165

《陈毅文选》
六·17

《陈毅资料选》
六·50

《陈玉成之死》
六·154

《陈忠实及其创作》
三·323

《晨报》
六·191

《晨报副刊》
六·280、329

《晨曦的儿子——尼采传》
一·297、298、317、360、402，三·20、
23、298、362

《成仿吾研究资料》
七·376

《程咬金照镜子》
六·484

《惩罚集》
二·32

《齿痛》
一·255，六·202

《斥反动文艺》
二·263

《斥胡风的反社会主义纲领》
三·313

《赤都心史》
五·268

《赤荒土》
一·303

《赤子之心——记我的朋友王缘先生》
三·336

《重访胡风》
六·129、138

《重评胡风和文学青年的友谊及其意义》
七·155

《仇侣》
六·299

177

《丑陋的中国人》
七·219

《丑小鸭》
六·223

《出版史料》
五·214、216、217，六·333、351、454、
535

《出土人物考》
六·38

《出租的妻子》
六·123

《初恋的回声》
六·159

《处世宝鉴》
二·152

《楚辞》
三·213

《楚辞拾沈》
七·56

《传奇》
七·67

《传统与中国人》
七·418

《闯王旗》
六·158

《创造社资料》
六·101、141、144

《创造月刊》
三·360

《创作》（1985年更名为《新时代人》）
五·197、199、201、229、249、251、
254、256，六·279、311、387、388、
424、426、442

《创作回忆录》
六·210

《春风化雨集》
六·309、310

《春醪集》
七·254

《春天的童话》
六·238、241、242

《春夜宴桃李园序》
二·310

《辞书研究》
六·283、444、527

《聪明误》
六·112

《从传统到现代》
七·271

《从错误中汲取教训》
六·60

《从奴隶到将军》
六·6

《从前，当我年轻时……》
七·237

《从肃清胡风反革命集团来看肃反成绩》
三·209

《从〈田园交响乐〉看纪德》
五·192，六·216

《从中条山寄到重庆》
一·347，三·104、290

《从资本主义到安那其主义》
五·525

《醋栗集》
六·346

《存在主义——从陀思妥耶夫斯基到萨特》
七·335、338

《蹉跎岁月》
六·280

D

《答郭沫若的〈卖淫妇的饶舌〉》
六·15

《答徐懋庸并关于抗日统一战线问题》
一·350、377，二·43，三·101，六·388

《打金枝》
六·155

《大阪教育大学纪要》
五·184

《大波》
七·250

《大公报》（重庆）
一·352

《大公报》（上海）
一·301、321、360，二·20，三·23、26、280、302，五·456、502，六·330、400

《大公报》（天津）
一·331，三·95、285，五·418、499，六·393

《大公报》（香港）
二·279，五·533、544、547，六·19、66、184

《大荒集》
七·88

《大家庭》
一·396，三·134

《大江南北》
七·260

《大鲁迅全集》
一·350，五·293

179

《大陆》
七·138

《大难不死有后福》
七·360

《大难临头，出路何在?》
三·218

《大篷车》
六·97

《大批判》
三·17、197

《大世界》
六·30、32、80

《大卫·科波菲尔》
三·330，六·131

《大学城》
七·29、36、48、49、232、311、317、
321

《大学生毕业论文选》
五·516

《大学时代》
六·133

《大学小品》
七·109

《大学语文》
七·376、377

《大义觉迷录》
三·212

《大英百科全书》
二·75

《大右派访港贾植芳教授传奇》
七·360

《大众电影》
三·136、218

《大众美学 99》
二·378、380

《大众生活》
五·227

《大众文学》
三·361

《大众文艺丛刊》
二·51，三·9

《大众语文论战》
六·62、63

《大众哲学》
二·378

《大自然的日历》
七·346

《代价》
六·63

180

《戴手铐的旅客》
六·130

《戴望舒评传》
七·377

《淡江评论》
七·326

《澹园诗词》
一·319

《当代》
六·41、63，七·384

《当代法国的起源》
三·202

《当代文学观念中的战争文化心理》
七·402

《当代文学印象》
七·371

《当代文艺思潮》
七·161、310

《当死人复活的时候》
一·352，二·48

《当心，匪特造谣！》
三·28、280，五·456

《党史研究资料》
六·244、273、317

《悼词》
七·47

《悼黄浪萍君》
一·347，三·104、290

《悼萧红》
五·200，六·259

《道教与中国文化》
七·347

《德国农民战争》
三·218

《德意志最高统帅论》
一·281、282、283

《灯草和尚》
七·76、80

《地球》
七·435

《地狱边沿的曼陀罗花》
三·282，六·179、181、182

《地狱边沿的小花——鲁迅散文诗初探》
六·170

《地狱的季节》
六·249

《帝王论》
一·260

181

《第三警卫队》
二·85

《第十个弹孔》
六·57

《第四十一个》
二·234，六·400

《第五代批评家专号》
七·160

《第一次文代会资料》
六·115

《第一击》
五·201、209、213，六·251、252、323

《典论·论文》
一·330

《雕虫杂语》
二·279

《雕像》
六·199

《丁玲研究资料》
六·172

《丁玲专集》
六·306、452

《丁西林研究资料》
七·275

《东方》
五·316

《东方红》
七·430

《东方文学辞典》
五·224、227、243，六·453

《东方夜谈》
七·311

《东方杂志》
三·67

《东方专制主义》（*Oriental Despotism*）
一·388、389、390，五·484，七·175、221、336、338、340、415、438、441、442、446、448、456

《东谷赘言》
六·103

《东京歌妓》
七·386

《东林本事》
五·517

《东林始末》
五·517，六·353

《东林学案》
六·68

《东流文艺》
三·99

《东亚》
五·294、299、303、309

《东亚及澳洲人物志》
七·369

《东洋学目录》
六·40

《东周列国志》（《列国志》）
五·105

《冬》
六·36

《冬青文丛》
一·333

《抖擞》
七·78

《都会主义小说综论》
七·387

《毒草集》
三·113、209、365，六·526

《独手丐》
一·382、383，三·33、七·356

《独秀文存》
三·92

《读卖新闻》
五·197、218

《读"人生赋"散记》
六·105

《读书》
五·322、558，六·133、197，七·7、13、
46、62、89、141、143、226、244、258、
282、284、315、316、331、347、402

《读书便览》
六·265

《读书乐》
二·25

《读〈艺海一勺〉》
七·221

《杜月笙正传》
六·326

《杜子美还家》
七·249

《队旗》
一·321，三·46

《敦促杜聿明投降书》
二·57，三·254，七·14

《多彩的世界》
七·352

《多收了三五斗》
七·389

《多余的话》
五·498

183

E

《俄国文学大纲》
一·302

《俄国文学的理想与现实》
二·24，七·108

《俄国文学的史诗》
一·302

《俄国文学史》
六·7

《俄国文学研究》
三·50、52、301、302，五·456，六·191、
285，七·188、264

《俄国文学与中国》
六·538

《俄国印象记》
一·344，二·24，三·231

《俄国资本主义的发展》
二·122，三·296

《俄罗斯妇女》
六·54、318，七·450

《俄罗斯精神》
一·344，二·24，三·231

《俄罗斯象征主义者》
二·84

《俄苏书话——凝眸伏尔加》
二·346

《饿乡纪程》
五·268

《饿乡旧梦录》
二·268、269

《噩梦》
六·56

《二神父》
六·310

《二十二史札记》
七·331

《二十二条军规》
七·381

《二十年目睹之怪现状》
七·438

《二十年前》
七·188

《二十世纪的普罗米修斯：毛泽东》
三·10、360

《二十世纪中国文学发生论》
二·114

《二十世纪中国文学与世界》
七·334

《二十世纪中国作家笔名录》
六·448

《二十世纪中外文学关系史》
五·314、485、492，七·365、419、455

《二月》
一·369

F

《法兰克福研究所的人们——卡尔·维特弗格尔》
一·390，三·206，五·484，七·415、438、439

《法兰西内战》
三·218

《法律咨询》
五·524，七·384

《法门寺》
七·447

《法制报》
七·301

《法制文学选刊》
七·214、228、230、246、316、323、343、428

《翻译的技巧》
六·177

《翻译文学史的名与实》
二·283

《翻译文学与佛典》
六·309

《翻译文学——争取承认的文学》
二·283

《反共宣传大纲》
六·100

《反社会主义的胡风纲领》
三·58

《犯罪的功劳》
二·171、249，三·120

《范泉书信集》
二·401、402

《范译〈中国孤儿〉序》
七·49、54、55、62、87

《芳草》
六·31、38、48、110、122，七·46

《芳草斜阳忆行踪——伟人、师长、朋友的故事》
二·247

《访路翎》
六·136

《访问记录》
五·567

《访问沈雁冰》
五·508

《放逐与回归——中国现代乡土文学论》
二·203

《飞鸿》
一·331，三·95、285

《飞天》
六·38

《分裂的美人——路翎传》
二·303、306

《分析的时代：二十世纪的哲学家》
六·248

《坟》
六·156

《丰臣家的人们》
七·238

《丰子恺散文选集》
六·300

《风暴十年》
六·58

《风雪黄昏》
六·202

《风雨谈》
七·315

《封神榜》
三·91、217、308

《疯狂的贵族》
六·44

《疯狂的节日》
七·306

《烽火小丛书》
六·35

《冯文炳选集》
七·310

《凤凰涅槃》
六·382

《凤鸣岐山》
六·166

《佛教与中国文化》
七·320、321、336、380

《弗兰妮》
七·455

《弗洛伊德后期著作选》
七·193

《弗洛伊德美学论文选》
七·249

《伏尔加流入黑海》
一·303

《浮南海记·附言》
三·31

《浮生六记》
三·29

《浮士德》
一·363，三·214，七·177

《〈浮士德〉研究》
七·377

《浮躁》
七·252

《符号帝国》
三·332

《福建文学》
六·490

《福克纳评论集》
六·224

《复旦风》
七·55

《复旦校刊》
七·384

《复旦学报》
二·426，五·246、266、477，六·146、
193、262、282、339、361、383、395、
405、444、459、495、513，七·222、
233、245、261、285、303、340、343、
382、407、446

《〈复活〉和〈玉堂春〉的比较》
七·317

G

《改革》
七·351

《改造》
一·350、377，三·101，七·152

《感情问题及其他》
六·175，七·201

《感想》
六·35

《干校六记》
六·255

《港城春梦》
六·40

《港台百人诗选》
七·451

《高尔基论》
三·52

《高尔基全集》
一·241、242

《高山下的花环》
六·529

《高士其研究专集》
七·223

《歌德自传》
六·437

《歌声》
三·119、283，六·345、349、386、398、
418

《革命后的俄国文学史》
七·456

《隔帘花影》
七·213

《给我影响最大的一本书》
七·263

《给幼小者》
二·98，五·541，七·224

《给战斗者》
二·10、49、161，三·8、13、364

《更下》
六·161

《工兵教练法》
三·126

《工兵烟幕使用法》
三·126

《工人日报》
七·176

《工作与学习丛刊》
一·349、356、377、401，二·24、42、
43、131、334、403，三·25、31、101、

291、359，六·476、487、488、491

《工作与学习丛刊·二三事》
一·309、349、377，二·43，三·101，五·
227、233，六·441

《工作与学习丛刊·黎明》
二·43

《工作与学习丛刊·黎明·校后记》
三·102

《工作与学习丛刊·原野》
二·43

《共产党情报局一九四九年十一月廿九日
公布的关于铁托匪帮的决议》
三·28

《共产党宣言》
三·20、48、204，六·15、466

《共产主义思想是社会主义精神文明的核
心》
六·271

《共产主义"左派"幼稚病》
三·218

《共和国语文》
二·21，三·89

《姑苏书简》
二·190、192

《古堡笳声》
一·330，二·118，三·284

188

《古城镇志》
七·247

《谷》
六·322

《古代白话短篇小说选集》
六·420

《故人旧事》
二·231

《古代辩证法论略》
一·312

《瓜豆集》
一·341

《古代论说文笔法探胜》
七·448

《挂剑集》
六·347

《古代农民生活诗选注》
七·266

《关不住的春光》
三·10

《古代中国文化与中国知识分子》
七·20

《关于巴金的小说》
五·511

《古典文学文献及其检索》
七·314、315

《关于巴金与凡赛蒂往来书信》
二·200

《古都·雪国》
七·323

《关于狄更斯和〈大卫·科波菲尔〉》
六·144

《古今文字狱》
七·201

《关于对贾植芳同志的复查决定书》
六·204

《古今中外人名趣谈》
七·257、341、440

《关于胡风的初期作品》
五·204

《古旧书讯》
三·185，七·67、277、291、319、341、
390、401、426

《关于"胡风反革命集团"案件的复查报告》
六·93、96

《古文观止》
六·250

《关于胡风反革命集团第三批材料》
三·42

189

《关于建国以来党的若干历史问题的决议》
六·76

《关于人的哲学的本质》
七·45

《关于太炎先生二三事》
一·309、377，三·101、359

《关于文学流派的讨论》
六·162

《关于小说》
七·323

《关于战国策派》
七·321

《关于周作人的传记》
二·360

《关于主题的积极性及与之相关问题》
五·228

《馆藏年谱（年表）目录》
七·178

《管锥编》
三·309，六·310

《光明列车》
一·321，三·46

《光明日报》
三·312，五·198、199、239、251、286、
409、508、576，六·31、85、115、181、
217、243、278、339、349、438、529、

七·22、117、134、248

《广东鲁迅研究》
七·305、374、396、415

《广西民族学院学报》
七·358

《广西文艺》
三·57

《归鸟集》
七·138

《贵阳晚报》
六·125

《贵州文史资料选辑》
六·195

《郭沫若年谱》
六·415

《郭沫若小传》
六·266

《郭沫若研究资料》
三·312，六·121，七·240

《郭沫若早期艺术观的哲学渊源》
七·40

《郭沫若著译书目》
六·121

《郭沫若著译系年目录》
六·278

《国风报》
三·104，五·440

《国际诗坛》
七·257、259、294

《国民公敌》
一·259

《国统区抗战文艺运动大事记》
六·181

《国外汉学的万花筒——贾植芳谈中国现
代文学在国外》
六·542

《国外论中国现代文学和作家》
六·284、311、315

《国外社会科学著作提要》
六·292

《国闻周报》
三·80，五·456，六·380

《国讯》
三·120

《果戈理和我们》
三·302

《果戈理选集》
七·58

H

《海明威研究》
六·224

《海派文学》
七·393、408、437

《海瑞上疏》
六·6

《海上花列传》
六·529

《海上述林》
三·343

《海燕》
一·350，三·101、291、359，五·181、
228、233、243，六·438、441

《韩非子集解》
六·105

《寒夜》
五·570，六·3

《汉代美学思想述评》
一·312

《汉娜太太》
六·363

《汉学发达史》
七·216

191

192

《红旗谱》
三·136、218

《红树》
一·303

《红心皇后》
六·85

《红岩》
三·136、137、218

《红与黑》
一·391

《虹》
一·369，二·194

《洪波曲》
六·55

《洪深研究专集》
七·133

《后十日谈》
七·439

《呼唤》
七·119

《呼吸》
五·194、196、197、199、201、210、
213、221，六·217、223、237、251、401

《胡风ノート》
六·253

《胡风沉冤录》
三·292

《胡风出狱以后》
六·27

《胡风的诗》
七·293

《胡风的事》
六·259

《胡风对文艺问题的意见》
三·63

《胡风反党集团第一批材料》
二·403

《胡风分子悲怆交响曲》
七·384

《胡风黑帮的灭亡及其他》
三·65，五·529

《胡风回国以后》
七·409

《胡风集团》
二·405

《胡风集团案件始末》
七·392

《胡风集团冤案始末》
五·345

《胡风〈鲁迅注释〉补注》
五·185

《胡风论鲁迅》
六·227、241、477，七·28、99

《胡风年谱》
五·190、292

《胡风批判的批判》
五·278，七·417

《胡风评论集》
二·42，五·479，六·494，七·53

《〈胡风评论集〉后记》
二·42

《胡风全集》
二·413

《胡风逝世前后》
七·84

《胡风书信集》
三·31

《胡风书信选》
五·273

《胡风同志访问记》
六·122

《胡风晚年作品选》
七·279、406

《胡风文集》
六·215、216、227、518

《胡风文艺理论的形成过程》
五·204

《胡风选集》
七·46

《胡风研究》
七·319

《胡风杂文集》
三·31，五·275，七·406

《胡风著译书目》
五·190

《胡风著译系年》
五·190

《胡风传》（戴光中著）
五·310

《胡风传》（马蹄疾著）
五·275，七·354

《胡风传》（梅志著）
五·265、282、322，七·243、255、333

《胡儒学案》（贾植芳提议书名）
五·517

《胡适手稿》
六·543

《胡适通信集》
六·35、180

《胡适文存》
二·23，三·92

《胡征诗选》
七·374

《湖北日报》
六·104

《湖北作家论丛》
五·298

《湖畔诗社评论资料选》
七·310

《蝴蝶》
六·170

《花边文学》
七·129

《花城》
六·101、154、240、241、242、338、364

《花的尸骸》
七·227

《花花公子》
三·38

《花环》
二·85

《花一般的罪恶》
一·392，三·132

《花与鸟》
二·288，三·281，六·240、252、282、311、424，七·402

《花园街五号》
六·500

《花月痕》
六·193

《华北日报》
五·499

《华德焚书异同论》
二·193、195

《华东比较文学通讯》
七·233、257、287、320、450、452

《华东新闻通讯》
七·270

《华侨日报》
五·523，七·367

《华商报》
三·25、144

《画皮》
六·108

《怀春曲》
一·355

《怀春室述怀》
一·377

《怀念鲁迅先生》
一·355

《怀念丸善书店》
六·523、525，七·22、127

《淮阴师专学报》
六·514

《欢迎人民军队》
二·20，三·26

《还珠楼主》
七·357、390、405、433

《幻灭》
一·360、402，三·20、24、26、278、298、300，七·95

《黄河》
一·352，二·47，三·109、110，五·18

《黄金时代》
六·396，七·40

《黄炎培》
七·377

《黄钟》
六·294

《回响》
六·36

《回忆胡风》
七·248

《回忆胡风同志》
五·268

《回忆我的父亲李大钊》
六·175

《回忆雪峰》
五·257，七·225、229

《回忆郁达夫》
一·386，七·249

《毁灭》
六·229

《惠特曼散文》
七·231

《婚床——世界婚俗》
七·286

《魂系蓝天》
六·277

《火》
五·514

《火凤凰文库》
三·173

《火神》
六·443

《火与肉》
一·392，三·132

《霍林上尉》（未完成）
三·290，五·14

J

《击鼓骂曹》
六·371

《饥饿的郭素娥　蜗牛在荆棘上》
七·454

《基督山伯爵》
六·105

《激流三部曲》
五·570

《汲古说林》
七·416

《集合》
六·97

《记阿垅》
五·173

《记巴金》
六·77

《记胡风的一首旧体诗》
七·309

《记还珠楼主——李寿民先生》
二·377

《记忆》
二·131，三·13、25、78、79

《纪念鲁迅特刊》
三·341

《纪念鲁迅先生》
六·143，七·309

《纪念志摩》
二·349

《纪实文学》
五·257

《季节》
六·175

《继往开来——论苏联文学发展中的若干问题》
七·145

《寄庵随笔》
七·322

《寂寞的井》
二·194

《加特雷娜》
三·144

《加特琳娜·伊凡诺维娜》
一·344

《家》（巴金长篇小说）
五·525，六·191、280，七·426

197

《家》（贾植芳先生创作的剧本）

三·103、267

《家（注释本）》

六·30

《家庭》

六·483

《嘉寄尘先生和他的周围》

一·308、348，二·44，三·105、291，五·15

《嘉陵江传奇》

六·276

《嘉兴科技报》

六·508、511、518，七·5、9、127、299、386

《贾植芳小说散论》

七·115

《贾植芳小说选》

一·308，二·131，六·336、338、339、344、345、347、348、349、351、356、365、366、367、368、371、373、382、383、384、385、386、440、441、453、454、456、457、458、466、468、473、504、517、528，七·63、94、143

《〈贾植芳小说选〉编后记》

六·347、348、350

《贾植芳与比较文学》

六·443，七·75

《贾植芳在复旦大学的阴谋活动》

三·302

《贾植芳致胡风书札》

三·229

《假如鲁迅还活着》

七·326

《假如我是真的》

六·8、11、12

《坚持人民民主专政》

七·221

《坚持社会主义民主的正确方向》

六·37

《简明中国现代文学史》

七·262、271

《简明中国新文学辞典》

七·451

《塞先艾、廖公弦研究合集》

七·103

《建立中国社会现实主义体制——胡风批判的一侧面》

五·184

《建设者》

七·425

《建筑美学》

七·372

《剑桥中国晚清史》
七·277

《鉴湖女侠》
六·184

《鉴真和尚东渡记》
六·24

《江海学刊》
五·203、204、205、240，七·50、64、77

《江南》
五·208、225、233，六·135、136、149、
316、388、434，七·225

《江西苏区文学史》
七·331

《教授与书——读〈中国小说史略〉》
七·320

《劫后文存——贾植芳序跋集》
二·231，五·307、310、315、438、439、
492、536、545、550、552、553、555、
556、558、561

《杰作》
二·85

《结构主义和符号学》
七·347

《结婚十年》
七·243

《解冻前后》
二·346

《解冻时节》
三·193、220、261、278

《解放军报》
六·149、154、155、157、160、271

《解放军画报》
七·94

《解放日报》
一·322、383，二·10，三·23、34、185、
210、297、362，五·173、190、191、
192、195、225、233、330、486、542、
544、553，六·92、130、137、154、184、
241、243、246、254、271、296、346、
379、456、461、519，七·95、394、436、
437

《解放日报通讯》
六·26

《解放者》
三·291

《今夜静悄悄》
六·123

《今夜星光灿烂》
六·101

《金大班的最后一夜》
七·254

《金光大道》
五·549

《金銮梦》
七·369

《金明馆丛稿二编》
六·542

《金瓶梅》
五·488，六·140、239、383、453、486、
538，七·19、46、54、68、186、253、
326、454

《金瓶梅词话》
六·368、369

《金瓶梅研究》
七·32

《金屋月刊》
一·392，三·132

《近代翻译史话》
七·23

《近代来华人名录》
七·244

《近代文学批评史》
七·261

《近代支那经济史》
三·15

《近代中国经济社会》
一·389、396、404，二·17、18、24、

249，三·12、15、17、27、36、83、135、
195、197、199、200、201、203、249，
五·456、527，六·34、40、419

《近代中国文学论稿》
六·392

《近年来来华外国人手册》
六·542

《晋东南师专学报》
七·421

《晋阳学刊》
五·253、254，七·45、46、396

《禁锢》
七·435

《京报》
一·331，三·95、285，五·456，七·266

《京华访胡风》
六·244

《经济学大纲》
三·94

《精光的年头》
一·303

《精神分析与中西文学》
七·425

《镜报》
五·254、255、524，七·355、360、404

200

《镜花缘》
三·308，五·264

《九十年代反思录》
三·179

《九十年代日记》
三·179

《九死未悔——胡风传》
二·213，五·343

《九尾龟》
三·307

《九叶集》
六·251、252

《九章》
七·247

《酒醉花赞——怀贾植芳》
一·355，二·156，五·558，六·26，七·58

《旧时代的回忆和告别——关于〈晨曦的儿子——尼采传〉》
一·317，三·21、298、299，六·330

《旧事重提》
七·313

《旧事难忘》
五·289

《旧巷》
六·110

《旧主人》
六·502

《救亡日报》
五·501

《巨人》
六·217

《距离》
一·347，三·104、290

《绝响》
七·146

《君主论》
七·108

K

《咖啡馆》
六·158

《卡列尼娜·伊凡诺维娜》
一·359，二·24、132，三·25、298，七·95

《开放》
五·278，七·403、406

《开卷》
六·58、273

《开掘通俗文学的研究宝库》
二·316

《看哪这人》
六·140

《抗日战争时期延安及各抗日民主根据地
文学运动资料》
六·391

《抗战时期的上海文学》
二·184、186、375

《抗战文艺》
一·353，三·110，五·274、456，七·139

《科技丛刊》
六·475

《科技导报》
七·193、256、257、277、303、332、
345、415

《科技新闻导语的个性》
七·378

《科学的春天》
三·313

《可敬佩的克来敦》
一·323，六·488

《〈克鲁泡特金全集〉总序》
五·500

《空大鼓》
二·53

《恐惧的漩涡》
六·35

《控诉》
六·35

《苦茶随笔》
七·315

《苦恋》
六·154、155、157、160、434

《苦难的心》
六·50

《苦竹杂记》
七·315

《跨世纪的对话》
三·357

《狂人日记》
一·369，三·358，五·435，六·97

《溃疡》
七·115

L

《拉吉舍夫论》
三·52

《蓝屋》
三·317

《懒寻旧梦录》
七·172

《浪迹天涯：萧乾传》
七·375

《浪漫派的红半臂》
七·21

《劳伦斯书信选》
七·437

《老井》
七·313

《老人与海》
七·276

《老舍与中国文化观念》
七·417

《老舍早期创作与中国社会》
七·340

《雷雨》
一·322，七·269

《泪瀑》
七·121

《黎明》
一·309、350、377，三·289、360，五·
206、242、456

《李大钊是一个殉道者》
五·500

《李大钊文选》
五·137

《李辉英研究资料》
七·411

《李拓之作品选》
七·351

《李英儒研究专集》
七·24

《理想主义者》
七·17、223、245

《理性、社会神话和民主》
七·308

《历代名家尺牍新钞》
五·556

《历史悲歌》
五·533、534

《历史的背面——贾植芳自选集》
三·213，五·448

《历史研究》
五·97、99、100

《历史哲学纲要》
三·16

《历史中的英雄》
七·221

《丽达与天鹅》
七·411

《笠》
七·405

《联共党史》
一·382，三·34、112、218

《联合报》
五·276、277，七·382、428、445

《联合晚报》
五·456、527

《联合早报》
五·278

《炼》
三·9

《炼狱人生》
二·407、408

《恋爱中的妇女》
七·342

《良友》
一·357，五·151、253、254、255、262、312，七·47、52、75、99、100、101、102、132、139

《两个分工会的代表》
五·182、184

《两个倔强的灵魂》
三·323

《瞭望时代的窗口》
七·413

《列宁文选》
三·112、218

《列宁选集》
三·218

《邻人》
三·51

《林彪的阴谋与死亡》
七·406

《林海雪原》
三·136、218

《临汾日报》
七·31、48

《临沂师专学报》
七·395

《刘半农研究资料》
七·58

《刘大白研究资料》
七·228

《刘心武研究资料》
七·426

《留东新闻》
三·341、353，五·456

《留学生楼》
七·21、46

《留学生新闻》
五·307

《流放手记》
三·128、173、174、228

《流氓的变迁》
七·364

《流派述评》
七·241

《流星在寻找失去的轨迹》
七·67

《流言》
七·244

《六号病室》
三·51

《龙门阵》
七·412

《笼中的鸟》
二·288

《楼适夷评传》
七·167

《鲁滨逊漂流记》
一·363，三·214，七·177

《鲁迅的创作与尼采的箴言》
二·140

《鲁迅和他的遗产》
七·276

《鲁迅及其先行者》
七·350

《鲁迅美学风格片谈》
七·354

《鲁迅全集》
三·292、353、357

《鲁迅日记》
三·206

《鲁迅小说新论》
七·244

《鲁迅选集》
三·100、341

《鲁迅研究动态》
五·206、263、273，七·168、321

《鲁迅研究浅见》
五·206

《鲁迅与高长虹》
二·276、277，五·450、451

《鲁迅与胡风》
五·240

《〈鲁迅杂文集〉序》
三·354

《鲁迅传》
五·378、379

《鲁迅作品手册》
七·217

《鲁彦作品欣赏》
七·266

《陆游爱国诗词选解》
七·358

《陆柱国研究专集》
七·40

《路翎晚年作品集》
二·405

《路翎，我的苦命的兄弟!》
五·342

《路翎研究资料》
五·224、230、521

《路翎专集》
五·211、213

《露和辞典》
三·28

《乱世狂女》
七·268

《论语》
一·363

《轮蹄》
三·34

《论澳门现代文学批评》
二·376

《论巴金小说的艺术方法》
五·509

《论巴金与俄国文学》
七·285

《论报告文学》
三·50、302，五·137、456

《论持久战》
三·219

《论怪诞》
三·332

《论胡风文艺思想和外国文学的关系》
五·323

《论还珠楼主》
七·394

《论嵇康的美学思想》
七·102

《论老子》
七·331

《论列宁主义基础》
三 112、218

206

《论"美是生活"》
一·311，三·114

《论民族文化凝聚力和开放性》
七·369

《论世界帝国》
七·119

《论覃子豪诗》
二·29

《论五四新文学与古代文学的关系》
二·425

《论夏衍创作中系列形象的塑造》
七·456

《论现实主义的路》
二·51，三·9、10、362

《论小说与小说家》
七·384

《论新文化运动》
三·308

《论性格系统》
七·378

《论一种英雄主义》
二·75

《论真实》
五·161

《论中国近代文学的时代特征和艺术特色》
五·368

《论主题学》
七·395

《罗素——热烈的怀疑者》
七·418

《罗通扫北》
三·91

《吕不韦》
三·211

《吕氏春秋》
三·210

《绿野仙踪》
七·21、24、36、37、38

M

《马烽　西戎研究资料》
七·105

《马君武诗选》
六·384

《马克思的历史、社会和国家学说》
七·458

《马克思恩格斯全集》
六·255

《马克思恩格斯文选》
三·112、218

《马克思恩格斯选集》
三·218

《马克思进文庙》
六·15

《马克思主义的艺术理论》（英文本）
六·539

《马克思主义文艺思想史稿》
七·333

《马克思主义意识形态和文学》（英文本）
六·281

《马克斯·韦伯》
七·308

《马陵道》
六·99

《玛拉沁夫研究专集》
七·107、119

《蚂蚁》
三·351

《卖淫妇的饶舌》
三·312，六·23

《满洲文学二十年》
七·266、280

《漫谈左联史事》
五·168

《猫捉老鼠》
七·345

《毛家湾纪实》
七·433

《毛泽东书信选集》
六·437

《毛泽东选集》
二·136、212，三·112、218

《毛主席语录》
二·56、57、136，三·169、218

《矛盾集》
六·15

《茅盾论创作》
六·84

《茅盾评介材料》
六·138

《茅盾评传》
七·262

《茅盾全集》
六·489、496、497、534

《茅盾为现实主义和马克思主义而斗争》
六·317

208

《茅盾小传》
六·138

《茅盾小传》（唐金海著）
六·201

《茅盾研究资料》
六·445

《茅盾与外国文学》
六·150、159、160

《茅盾著译年表》
六·107

《茅盾专集》
六·84、176、282、405、406、431，七·
103、120

《没有航标的河流》
六·416

《没有休止符的情歌》
七·224

《"美"的探索》
一·311、312，六·50、112、192

《美的探索者》
七·353

《美国鬼子在苏联》
五·268、271

《美国农场概况》（《美国农业概况》）
六·325、339

《美国与中国》
七·455

《美化文学名著丛刊》
六·315

《美丽的童年》
六·136

《美丽的早晨》
二·20，三·26，六·400

《美学》
六·411

《美学十讲》
七·444

《美与艺术》
七·361

《门》
六·51

《门槛》
三·87

《萌芽》
五·209、229、232，六·118、154，七·
315

《蒙田散文选》
七·244

《孟丽君》
六·85

209

《孟子》
七·234

《梦》
六·195

《谜的人物郝鹏举》
五·527，六·95

《米》
一·331，三·95、285，七·288

《米舒书话》
二·320

《觅》
七·453

《棉花》
三·101

《〈面包与自由〉序》
五·500

《妙言剪贴簿》
二·152

《灭亡》
一·369

《民报》
三·92，五·456

《民国日报》
五·182，六·191

《民间文艺集刊》
七·117、122

《民主与法制》
六·511

《闵行文艺》
七·28

《名人剪影》
六·537、541

《名人名字掌故》
七·265、266

《名人传记》
七·354

《名作欣赏》
五·511，七·263、284、318、336、365、
450

《明报》
五·343

《明辨集》
三·113、209、253、366，六·526

《明清人情小说研究》
七·249

《明儒学案》
五·517

《明珠缘》
七·24

《摩羯星一号》
六·142

《摩罗诗力说》
三·307，六·335

《磨难不已，进取不息——访贾植芳教授》
六·505

《末代皇帝》
七·371

《沫若文集》
六·23

《莫斯科郊外的晚上》
六·277

《母亲》
三·94

《牡丹亭》
六·390

《暮年杂笔》
二·231、297，五·342、347

《男人的一半是女人》
七·107

《南北极》
七·389

《南京时代》
五·186

《南京血祭》
七·328

《尼采与中国现代文学》
六·395

《尼采在中国》
七·457

《尼采传》
一·299，三·20、24、145、278，五·278，
七·95

《倪焕之》
七·389

《霓虹灯下的哨兵》
二·351

《你别无选择》
七·381

《你我》
二·268

《年轮——四十年代后半期的上海文学》
二·373，三·323

N

《拿破仑政变记》
二·305，三·218，六·9

《拿破仑传》
六·156

《呐喊》
三·92、212

《孽海花》
三·213

《孽子》
七·337

《牛犊丛书》
七·287

《牛津格言集》
二·67、68，五·579

《牛皮303》
七·429

《农家》
三·68

《奴里》
六·176

《诺贝尔奖金获得者传》
六·175、176

《女人的心》
七·245

《女神》
三·92

《女贼》
六·60

《女作家》
七·31、65、69、108、227、231、257、276、284

O

《哦，我听到你的声音了，兄弟！——给G.F.》
七·119

《欧化东渐史》
六·268

《欧罗巴》
六·334

《欧美古典作家论现实主义和浪漫主义》
六·228

《欧美名剧探魅》
七·284

P

《帕斯捷尔纳克访问记》
七·259

《潘金莲——金瓶梅的娘儿们》
五·488

《叛国者》
六·106

《彷徨》
三·92、212

《旁观者》
一·350

《培根论说文集》
七·52

《彭柏山研究专集》
六·402

《彭公案》
一·329，三·89、91

《彭燕郊诗选》
七·257

《批评家》
五·254、256、409、421、423、426、
430、431、432、434、436，七·34、62、
69、70、86、124、242、262、279、316、
341、363、381、395、421、423、448

《批评文化与文化批评——中国文化模式
断想》
七·396

《飘》
六·38

《平反日记》
三·194，五·357

《评〈寒夜〉》
五·511

《评江青的女皇梦》
五·97、100

《评论报》
五·456

《评新编历史剧〈海瑞罢官〉》
六·156

《瓶外卮言》
七·34

《破壁记》
六·83

《蒲公英》
七·449

《蒲宁短篇小说集》
六·213

《普希金长诗选》
七·108

Q

《七个被绞死的人》
六·243

《七品芝麻官》
六·80

《七杀碑》
七·382、390、437

《七十年代》
六·103

《七十年代的苏联文学》
六·127

213

《七侠五义》
三·91

《七月》
一·347、348、351、352，二·42、45、
46、131、237、334、403、404，三·10、
25、35、78、79、102、103、105、106、
109、125、265、267、290、291、350、
360，五·3、6、9、12、14、15、16、17、
18、19、163、456，七·31、178

《七月派》
七·254

《七月派小说》
七·245

《七月诗丛》
一·353，二·42、237、403，三·111、
291，五·28，七·178

《七月诗选》
六·512、524

《七月文丛》
一·309、353，二·16、42、48、50、403、
三·12、83、110、235、291，六·217、
259、347

《〈七月〉、〈希望〉作品选》
六·236、244、341，七·276、281、338

《七月新丛》
二·42、50，三·291

《"七月"作者与海燕书店》
二·50

《七缀集》
七·267

《奇婚记》
六·337

《乞丐》
一·275

《绮虹》
五·501、512

《契诃夫的戏剧艺术》
三·50、61、297，六·311、340

《契诃夫独幕剧集》
六·347

《契诃夫年谱》
三·297，六·344、347、348、349、356

《契诃夫评论》（英文本）
六·539

《契诃夫全集》（俄文版）
六·137、141

《契诃夫手记》
二·298，三·50、51、296，五·202、203、
204、205、233、401、418、456、508、
512，六·66、73、84、117、128、131、
132、133、134、137、138、139、141、
142、144、145、146、147、148、152、
153、167、169、172、178、181、185、
211、221、222、223、224、225、226、
229、236、237、239、271、283、284、
286、292、307、309、324、330、331、

332、333、341、342、343、344、345、346、348、349、350、351、352、355、356、379、386、395、438、459、484、521，七·302、352、445

《契诃夫手记》（日文本）
六·273

《〈契诃夫手记〉重印前记》
六·92

《〈契诃夫手记〉新版题记》
六·139、140、148、149、211、224、346

《契诃夫文集》
六·284，七·5

《契诃夫小说选》
七·352

《桥》
七·244

《切不可书生气十足》
五·79

《且介亭杂文》
七·129

《且说说我自己》
二·52、54

《秦始皇》
三·211

《秦始皇论》
二·22，三·91、216

《青城十九侠》
一·380，三·32

《青春》
五·225，六·62，七·108、109

《青春的门》
七·383

《青春之歌》
三·136、218

《青岛日报》
二·136

《青岛师专学报》
七·392

《青光》
三·8、12、66、67、68、293、364

《青海湖》
七·22

《青年论坛》
七·107

《青年自学丛书》
五·190

《青少年日记》
七·328、375

《清晨》
三·46

《清代文字狱档》
三·212，七·167、173

《清明》
五·157、159，六·61、85、86、110、
145、200、288、324、445、497、七·66、
101、164、224、230、265、267、275、
284、302、310、333、347、384、409、
446

《清末谴责小说与西欧批判现实主义的小
说》
六·179

《情人》
七·414

《情书四十万字》
五·437、438

《穷人》
三·48

《秋海棠》
五·494

《秋田雨雀印象记》
五·191、192、241，六·216

《秋夜》
五·180

《囚车》
二·194

《求婚》
一·321

《屈原》
一·321，五·112

《瞿秋白文集》
五·268

《瞿秋白文学评传》
七·379

《瞿秋白与俄国文学》
五·498

《曲艺》
五·134

《权力学》
六·176、256

《权力与真理》
七·453

《全国大学生毕业论文选编》
六·530、531，七·15、17

《全像古今小说》
六·127

《群魔》
六·365

《群众论丛》
六·194、198

R

《燃烧》
六·400

《燃烧的荒地》
七·355

《热力》
一·295、296、332、333、334，二·131、
230、249，三·12、13、14、15、25、83、
235、248、295，五·456、503，六·379，
七·98、411

《〈热力〉题记》
七·398

《人啊，人!》
五·225，六·201

《人本主义研究》
七·246

《人到中年》
六·331、368、476

《人道主义就是修正主义吗？——对人道
主义的再认识》
六·75

《人道主义、人性论、异化问题研究专辑》
六·432

《人道主义与中国现代文学》
二·143、144

《人的悲哀》
一·309、349、356，二·43、52、131、
三·25、88、102、287、288、289、359

《人的斗争》
一·308、310，三·28、119、280，六·

329、334

《人的文学》
三·307

《人的证据》
一·310，二·429，三·26、28、36、83、
119、280、362，五·456，六·259、314、
334、535

《人·地·书》
七·418

《人格的发展：巴金传》
二·72、73

《人环二记·小引》
三·31

《人类学导论》
二·8

《人民国家》
三·20

《人民警察》
七·334

《人民民主主义的长成与发展》
二·19，三·27、28、204，五·456

《人民日报》
一·392，二·12、119、316、403，三·31、
36、62、64、66、69、71、73、132、
366，五·103、111、131、199、206、
209、211、267、272、543、558，六·21、
35、51、65、75、86、107、115、183、

199、251、252、333、373、380、413、424、539，七·232、248、249、263、347、354、356、404、407

《人民日报·副刊》
七·313

《人民日报·海外版》
七·294、318、353

《人民文学》
一·386，三·136、218、366，五·162、211、215，六·8、332，七·236、379

《人民须知》
二·22，三·91、217

《人民政协报》
六·424

《人生赋》
一·309、353，二·16、48、131，三·9、12、25、83、101、235、295，五·137、456，六·40、157、161、224、236、259、314、379

《人·诗·现实》
七·221

《人世间》
六·315

《人与事》
六·476

《人与书》
五·534

《人证》
六·277

《人之子——耶稣传》中译本
二·196

《任敏女士去世讣告》
二·391

《日报索引》
六·26

《日本当代诗选》
七·317

《日本电影名片赏析》
七·289

《日本和中国评论茅盾专辑》
六·107

《日本近代比较文学史》
六·495

《日本农民作家伊藤永之介与赵树理比较研究初探》
七·278

《日本推理小说选》
七·289

《日本文学》
五·264

《日本文学思潮对中国现代作家的影响》
六·409、414、422、534

《日本新兴文化运动史》
一·247

《日本语与中国语翻译要领》
七·335

《日汉字典》
三·209，六·139

《日记断片》
一·344，三·231

《日记何罪》
六·413

《日瓦戈医生》
七·248、258

《肉蒲团》
三·307，七·80、81、136

《如果麦子不死》
五·491

《如意君传》
七·213

《儒林外史》
五·245，六·536

S

《萨珂与凡宰地书信集》
六·352

《萨克来和他的〈名利场〉》
六·168

《萨克姆金的一生》
一·350

《萨拉丁》
六·84

《萨特研究》
六·228

《三案始末》
七·61

《三寸金莲》
七·163

《三个从家庭出走的妇女》
七·387

《三个失踪的人》
六·132

《三国演义》
一·329，五·63

《三家巷》
六·270

《三人行》
三·282，六·4

《三十九级台阶》
六·313

《三十年代斯大林主义的恐怖》
六·267，七·403

《三十年代文学札记》
七·272

《三十年代在上海的"左联"作家》
五·280、287、288，七·201、203、207、
223、229、305、306、443

《〈三十年代在上海的"左联"作家〉序》
二·369

《三十万言书》
七·444

《三笑新编》
七·143

《散文》
五·480，六·114，七·455

《散文译丛》
二·87，七·318

《扫荡报》
二·291、292，三·40、108、139、140、
236，五·521

《沙漠之歌》
三·57

《沙宁》
三·304

《〈沙宁〉续篇》
三·231

《沙汀艾芜的小说世界》
七·294

《莎菲女士的日记》
一·369

《莎士比亚传》
五·552、553

《山东文学》
六·195

《山风》
六·449

《山西抗战文学史》
七·85、130

《山西青年》
六·123

《山西日报》
一·330，二·118，三·92、284，五·103、
111、146，七·328、422、437

《山西商人研究》
一·406

《山西师院学报》
五·246，六·324、523、538

《山西文学》
一·331，三·283，五·146、226、229、
420、421、582，六·386、418、421、
438、458、529、531，七·68

220

《山西文学史》
二·89、90、91，五·435、439、444

《山野和罪恶》
七·343

《伤逝》
六·143

《商鼎》
六·123

《商鞅变法》
五·76、79

《上坟去的男子》
六·102

《上海比较文学研究会丛书》
五·490，七·223

《上海娼妓改造史话》
七·424

《上海大学学报》
七·29、63、223、302、359、377

《上海教育报》
三·326、327

《上海鲁迅研究》
五·322、325

《上海少年》
五·84、91、92、100、104

《上海生与死》
七·394、406、435

《上海市外文学会一九八二年年会论文选》
七·16

《上海是个海》
三·174

《上海滩》
一·398，二·20、40、50，五·290、296、
302、306、307、320、545、546、547、
548，七·428、444、455

《上海文化》
七·369、430、457

《上海文论》
三·313，五·278、279、553、555，七·
246、247、259、279、291、305、309、
312、319、327、332、346、384、405、
440、441、451、458

《上海文学》
二·410，五·276、298、531、543，六·
40、118，七·341、348、382、388、391、
401、402、411、413、414、448

《上海现代文学史》
二·260

《上海杂文选（1979—1983)》
六·518

《上海杂文选（1984—1986)》
七·448

221

《少年犯》
七·119

《少年漂泊者》
三·92

《少年文艺》
五·109

《蛇》
六·212

《社会科学》
六·154，七·62、87

《社会科学季刊》
七·41、343

《社会科学评论》
七·45、60、77、99

《社会科学新书目录》
七·341

《社会科学战线》
六·405、408

《社会思想的冠冕——韦伯》
三·313，七·410、412

《社团流派》
七·242

《申报》
三·316

《申报月刊》
三·67，五·405

《申报·自由谈》
三·67、68，五·190、456，六·45、51、138、195、196

《〈申报·自由谈〉杂文选》
七·265

《申诉书》
六·92、93、97、100、101、105、137、144、172

《神户急行列车》
三·80，六·380

《神秘人物——路易斯》
七·45

《神曲》
一·363，三·146、214，六·444，七·177

《神田》
七·285

《审查报告》
六·91

《审判》
六·273

《蜃楼志全传》
七·452

《生活周刊》
五·392

《生命之科学》
三·58

《生死场》
二·328、329，五·199，六·85

《生死场〈读后记〉》
六·85

《圣经故事集》
六·228

《圣武记》
二·75

《失去的地平线——帝国主义侵略与民族
心理的演变》
五·475

《诗的求索》
七·370

《诗刊》
五·137、158，六·36、48、101、225

《诗情与哲理——杜鹏程小说新论》
七·301

《诗人的两翼》
七·313

《诗人之死》
二·233

《诗苑译林》
七·105

《诗韵》
六·33

《施昌东小传》
七·433

《施公案》
三·89

《十八世纪的英国文学与中国》
七·46

《十八世纪欧洲文学里的赵氏孤儿》
七·27

《十九个》
一·344，三·231

《十九世纪文学主潮》
六·391

《十日谈》
一·392，三·132，五·30、181、182、
183，六·145、171、188

《十一届三中全会以来重大冤假错案平反
概述》
六·273

《十月》
五·516，六·38、155、159

《〈石头记〉交响曲》
七·188

《石头记真谛》
三·104，五·440

223

《石屋续沈》
七·256

《时代的报告》
六·378、390、411、414

《时代画报》
一·392，三·132

《时代日报》
一·309，二·13、14、15，三·111、144、
147、236，五·172、456，六·53、201、
288、294、314

《时间开始了》
二·211，三·365，五·217

《时事类编》
五·202、227

《时事新报》
三·41、66、67、149、293、364，五·
456、507，六·85、294

《时事新报·青光》
二·39、48、49

《蚀》
一·369

《史记》
三·213、230

《〈史记〉、〈汉书〉比较研究》
二·199

《史记·李斯列传》
二·388

《史诗探幽》
七·261

《士与中国文化》
七·348

《世界大作家传（上）》
七·94

《世界纪实文学》
一·345，五·519，七·142、175

《世界经济导报》
五·209、222，六·355、361、362，七·
159、185、225、363、392、397

《世界历代禁书大全》
二·194、195

《世界日报》（北平）
五·456、499

《世界童话鉴赏辞典》
五·286

《世界文化名人传记丛书》
二·182、183

《世界文化史》
五·407

《世界文学》
一·242

224

《世界文学名著译丛》
一·391

《世界文学年表》（日文版）
七·407

《世界知识》
三·120，五·527

《世说新语》
七·416

《侍卫官杂记》
六·127、128、129、130

《试论社会主义现实主义在 50 年代的中国》
七·374

《试论愚昧与开化》
七·77

《试论鸳鸯蝴蝶派》
六·99

《收获》
一·400，二·52、54、336，三·174，五·494，六·51、196，七·251、319、320、437

《手续剧》
五·13

《首脑论》
七·260

《受难的家属们》
七·450

《书城》
五·333、342

《书简·序跋·杂记》
七·253

《书林》
五·211、221、278、279、282、289、526，六·237、238、276、374、382、516，七·240、248、353、392、397、399、410、415、431、446

《书屋》
三·194

《书香缘：作家捐书题词集》
二·145

《书讯报》
五·464、543、544、546，七·314、320、323、336、345、352、380

《书友文丛》
二·231

《蜀山剑侠传》
一·379，三·32

《水浒传》
一·329，三·91、96、213，五·71、89、90、104

《司马祠漫想》
六·101

《思痛录》
五·351

《斯大林死之谜》
六·180

《斯大林肃反秘史》
七·439

《死》
三·192

《死掉的农奴》
一·241

《死水》
七·389

《死亡谷》
七·414

《死之忏悔》
一·255

《四川大学学报》
六·147、320

《四十自述》
七·254

《四书集注》
六·457

《四月的归来》
七·238

《宋词鉴赏辞典》
七·266

《宋论》
一·326

《宋儒学案》
五·517

《宋之的研究资料》
七·346

《送胡风》
七·129

《苏俄文艺论战》
三·48

《苏共党史》
六·344

《苏联归来》
五·193

《苏联卫国战争短篇小说选》
三·46

《苏联文坛的风浪》
六·17

《苏联文坛的一场风波》
一·303

《苏联文学词典》
七·47

《苏联文学》（英文版）
三·48

《苏联现实主义问题讨论集》
六·219

《苏联最近短篇小说选》
三·46

《苏门答腊的郁达夫》
二·215

《苏州大学学报》
七·244

《俗文学集》
五·369

《随想录》
三·206，五·280、570，六·39、53、184，
七·246、247、339、353

T

《他的文学生命就是真实》
五·447、448

《他没有中年》
七·45

《他心灵深处有一颗神圣的燧石——悼念
胡风老师》
七·129

《塔曼果》
六·110

《踏青归来》
六·189

《台湾小说选讲》
六·459、462

《苔丝》
六·261

《苔丝姑娘》
五·28

《太白》
一·350，三·48、68、101

《太平湖》
七·212

《太平天国史迹真相》
三·212

《太平洋大海战》
五·445

《太平杂说》
三·212

《太阳照在她的头顶上》
七·208

《太原晚报》
一·330，三·92、284，五·418、456

《谈谈万尼亚舅舅》
一·321

《覃子豪纪念馆落成专辑》
二·29，七·398

《覃子豪全集》
三·57，六·3、251、252、261

《覃子豪诗粹》
七·240

《覃子豪诗选》
七·302、321

《覃子豪小传》
二·40，六·218、221、223、224、225、
226、251、328

《汤祷篇》
七·274

《唐·吉诃德》
一·241、363，三·214，七·177

《唐诗在英国》
七·279

《唐宋诗词鉴赏词典》
七·432

《陶渊明写〈挽歌〉》
七·249

《讨论马克思进文庙问题的始末》
六·15

《特区姑娘》
七·65

《啼笑姻缘》
五·494

《题材·凝想·杂记·片段》
三·50

《涕泪交零的现代中国文学》
六·266

《天才与遗传》
一·256

《天方夜谭》
三·54

《天津日报》
六·243、245、255

《天京事变》
六·154

《天声人语——日本散文选》
二·95

《天水冰山录》
六·14

《天问》
六·295

《天下月刊》
七·50、53、56、58

《天仙配》
五·119

《天涯》
六·512

《天义报》
六·466

《天云山传奇》
六·122、129

《田汉评传》
七·97

《田汉专集》
六·139

《挑战》
五·225，六·393、400、437

《亭子间嫂嫂》
七·216、217

《亭子间嫂嫂新传》
七·216、217

《通讯》
七·237

《童话》
七·348

《偷渡者》
七·287

《突围令》
二·237

《图腾与禁忌》
七·221

《屠城记》
七·374

《屠格涅夫的生活和著作》
五·505

《屠格涅夫散文诗》
五·499

《屠格涅夫生活的道路》
三·101

《屠格涅夫与中国》
三·332，五·539、540、541、547、550，
六·539，七·268、310、317

《湍溪夜话》
七·269

《团结报》
六·356、358、364、380、408、409，七·
39、40、185、208、209

《托尔斯泰散文选》
七·283

《托洛茨基研究》（日文本）
二·271

W

《外国纪实文学》
五·246、516、517，六·504、513

229

《外国散文选》
六·124

《外国散文译丛》
七·96、413

《外国抒情诗歌选》
六·270

《外国文学》
六·137

《外国文学动态》
六·60

《外国文学名家论名家》
七·70

《外国文学研究》
六·253、498，七·39

《外国小说报》
六·143、440

《外国幽默故事精选》
二·228

《外国作家人名辞典》
五·193

《外来文艺理论、思潮对中国现代文学影响资料汇编》
三·306，五·476、511、538，六·134、
140、202、248、258、264、269、306、
330、357、395、401、472、487，七·51、
53、54、56、62、63、64、67、69、117、
118、119、120、138、140、157

《晚菊》
六·502

《万历十五年》
六·358

《万有百科大事典》
六·109

《王老虎抢亲》
六·120

《王鲁彦论》
六·69

《往事》
二·268

《往事如烟》
二·42、413，三·101，五·268、290、
291、293、294、297、299、301、311、
312、313、315、316、317、345

《望月》
七·398

《危害民国紧急治罪法》
三·241

《危机与复兴——白银时代俄国文学论稿》
二·346

《为了不能忘却的纪念》
六·393、396

《为了孩子》
三·184，七·293、299、313、337、454

《为什么会有这样的批评》
三·63

《为祖国而歌》
五·31、228，七·332

《伟大的人文主义者拉伯雷》
三·302

《伪自由书》
七·129

《未名》
七·417

《温故而知新》
一·304，六·85、136、518

《温州师范学院学报》
七·346

《文报》
二·369

《文贝》（*Cowrie*）
一·356，六·427、447、535，七·32、37、38、50、58、62、63、85、158

《文萃》
三·118、119、120，五·57

《文海》
一·401，三·79、286

《文化大革命十年史》
七·232、238、261

《文化老人话人生》
二·248

《文化生活》
六·42

《文化艺术报》
五·523，七·314

《文汇报》（上海）
一·313、378、383、408，二·377，三·28、36、114、181、200、280、362，五·80、100、221、225、237、239、265、272、273、276、277、278、279、283、286、290、296、298、304、320、357、434、451、456、518、527、542、547、557、563，六·19、43、95、127、135、180、181、201、267、272、285、291、296、338、339、341、347、356、382、393、396、398、399、402、404、411、436、444、458、461、513、532，七·24、25、33、67、74、97、137、139、174、199、221、225、234、235、236、237、240、243、248、305、307、309、310、312、313、319、321、327、359、388、390、394、399、403、406、407、410、413、415、441、446

《文汇报》（香港）
一·316、400，二·293，五·519，六·16、63、64、85、129、330、331、395、424、438、443、536

《文汇报·笔会》
三·199

《〈文汇报〉的资产阶级方向应当批判》
三·365

《文汇读书周报》
五·322、323、356、357、554、563

《文汇月刊》
五·204、205、264、265、266、270、
271、273、289，六·127、128、217、
276、293，七·16、70、188、243、327、
333、348、359、381、392、446

《文教参考资料》
五·496，七·326

《文教资料简报》
五·176、183、185、504，六·153、171、
191，七·235、270、271、292

《文科教材建设》
七·257

《文科通讯》
一·299，六·515，七·234

《文明小史》
六·385

《文史探索书系》
五·373

《文史哲》
一·311，三·114，六·105，七·290

《文史资料》
五·219，六·347

《文坛悲歌》
五·286、350、530、532，七·451

《文坛双星》
七·451

《文心雕龙》
三·309

《文心雕龙创作论》
六·38

《文心雕龙讲疏》
三·309

《文心雕龙·总术》
二·95

《文学》
一·350，三·101，五·190、191、241、
274

《文学报》
一·303，五·221、233、243、253、322、
323、409、421、441，六·195、241、
281、282、332、393、399、401、405、
408、456、496、497，七·15、31、79、
92、215、221、334、432、440

《文学呈臆编》
七·108

《文学窗》
二·49，三·364

《文学的风格》
六·118

《文学的魅力》
七·266

《文学的中国理论》
七·239

《文学翻译与文化意象的传递》
二·176

《文学关系史》
七·275

《文学季刊》
六·281

《文学鉴赏学》
二·27、28

《文学角》
五·289

《文学论丛》
七·141

《文学评论》
五·505、506、511、530，六·33、38、
65、224、265、341，七·399

《文学评论丛刊》
六·265、266

《文学心理学教程》
七·387

《文学旬刊》
五·507、508，六·104、140、153、168

《文学研究参考》
七·406

《文学研究会研究资料汇编》
五·567

《文学研究会资料》
五·500、501、506，六·32、83、85、
134、137、156、179、186、189、190、
205、237、250、263、370、411、441，
七·10、17、22、33、34、35、36、44、
60、61、125、133、139、141、146、
152、157、267

《文学与革命》
三·296

《文学与生活》
五·190

《文学原理》
五·496

《文学月报》
一·350，二·43

《文学知识》
六·324、347

《文学周报》
五·506、508、509，六·140、224、257，
七·51、60

233

《文学周刊》
五·507、508

《文艺报》
二·304，三·62、63、313，五·221、296、308、386、393、522、523，六·60、128、136、213、336、350、352、353、368、383、384、396、421、461，七·31、70、77、118、229、238、257、291、293、299、302、303、309、315、316、327、332、334、343、348、353、356、359、362、364、381、420

《文艺笔谈》
三·64，五·190、192，六·216

《文艺创作》
一·352，二·47

《文艺辞典》
七·444

《文艺副刊》
六·152、186

《文艺家风采》
七·299

《文艺界通讯》
六·425

《文艺理论研究》
五·477、496、505，六·184，七·5、29、35、186、202、257、271、293、313、336、343、346

《文艺理论译丛》
七·32

《文艺理论与批评》
七·252、257、291、317、343

《文艺论丛》
六·445

《文艺批评学》
五·421

《文艺情况》
七·84、97

《文艺探索》
七·310

《文艺新辞典》
六·13

《文艺新地》
一·365

《文艺学》
六·284、528

《文艺月报》
一·365，三·49、64、114、302、329

《文艺战线上的封建余孽》
三·312

《文摘》
七·288、312、415

《文摘报》
七·321、353

《纹身》
七·352

《闻捷小传》
六·193

《闻捷专集》
五·210、211，六·12、16、21、103、
189、209、217、325、326、328、335、
372、411、412

《我的忏悔》
五·440

《我的称谓忆旧》
二·118，三·326

《我的第一本书》
七·320

《我的第一篇小说》
一·331，六·461、468、470、529、531

《我的读书谈》
七·157

《我的堕落》
七·414

《我的奋斗》
三·31

《我的话》
七·320

《我的记忆》
七·325

《我的纪念》
六·243

《我的努力与反省》
七·340

《我的前半生》
五·95，六·133

《我的青春》
二·86

《我的日记》
七·16

《我的生平》
七·255

《我的同时代人》
五·500

《我的五十年》
五·241

《我的戏剧观》
三·88

《我的一个世纪》
三·211

《我的杂学》
七·286

235

《我的自传》
三·296

《我对于翻译的意见》
一·242

《我还活着》
二·39

《我和哈尔滨》
五·186

《我和胡风关系的始末》
三·32

《我和南京》
五·186

《我看杜思退益夫斯基》
七·129

《我们必须战斗》
三·62

《我们时代的大学生》
七·101

《我是一条龙》
三·182

《我熟识的三十年代作家》
六·377

《我所认识的胡风》
六·110

《我所知道的戴笠》
三·87

《我乡》
一·348，三·107、266、267，六·55

《我心目中的三个士》
二·268

《我与胡风》（梅志著）
七·359

《我与胡风》（晓风主编）
五·289、292、302、313

《我与胡风先生的交往与友谊》
五·385

《我与外国文学》
一·356

《我与文学》
一·242

《我做的一些中日文化交流工作》
六·445

《乌托邦祭——1959 年庐山之夏》
七·448

《屋檐下的花》
二·288，三·281，五·201

《无产阶级文化派资料选编》
六·398

《无产阶级文学运动史料》（日文版）
六·190

《无敌鸳鸯腿》
七·436

《无题》
七·221

《无题集》
六·35，七·247

《无冤录校注》
六·360，七·276

《五石瓠》
二·75

《五四爱情小说选》
七·243、247、261、291、309

《五四时期的胡适》
六·198

《五四新文学与外国文学》
七·265

《武当》
六·403

《武汉大学学报》
六·184

《武汉文艺》
六·65

《武训传》
三·36、65、328

《武则天》
六·4

《舞会》
六·199

《戊戌到五四时期文章文体和文学的变革》
七·336

《雾都茫茫》
六·125

《雾夜紫灯》
三·40、172

X

《西安晚报》
三·104

《西班牙宗教裁判所年鉴》
七·455

《西部学坛》
七·452

《西谛书话》
七·61

《西方论苏联当代文学》
六·284

《西方文学典故词典》
七·340

《西方现代派述评》
六·497

《西方现代派文学研究》
六·213

《西方现代哲学与文艺思潮》
七·286

《西方学者论〈一八四四年经济学—哲学手稿〉》
七·119

《西方早期比较文学论文选辑》
七·233

《西湖》
六·168，七·220、242、253、261、269、289、315

《西蒙·波娃回忆录》
七·336、373

《西厢记》
三·91

《西游记》
一·329、363，三·64、69、91、214、308，七·11、177

《希腊文学史》
三·308，五·405

《希望》
一·348、353，二·42、48、132、403，三·25、35、67、107、110、266、291、350、360，五·25、163、456，六·55、135、136，七·178

《希望在燃烧》
六·492

《洗礼》
六·261

《洗澡》
三·39

《喜盈门》
六·189

《戏剧报》
五·386

《戏剧技巧》
一·323

《戏剧艺术》
七·276、324、328

《细读自己》
二·266、268

《遐思——诗与美》
七·355

《下车伊始》
六·252

238

《夏商志传》
七·143

《夏天的审美触角——当代大学生的文学
意识》
七·347

《夏衍研究专集》
六·512，七·109、110

《先秦名学史》
六·488

《先秦诸子美学思想述评》
一·312

《先驱者的形象》
七·335

《鲜花圣母》
二·194

《闲书》
六·315

《现代》
一·350，二·43、409，三·47、316、317

《现代都市小说专辑》
三·314、316

《现代俄国文学》
一·302

《现代家庭》
三·184，五·280、286，七·115、139、
293、299、313、314、337、348、388、

454、456

《现代派小说》
七·333、336

《现代日本文学史》（日文本）
六·539

《现代十六家小品》
六·302

《现代四作家论》
六·183

《现代文化》
一·350，二·43，五·228

《现代文学散论》
二·99、100，五·464

《现代文学史》（未出版）
七·132、134

《现代西方美学流派评述》
七·446

《现代小说技巧初探》
六·351

《现代小说美学》
七·308

《现代意识与民族文化》
七·410、420、430

《现代中国文学史话》
七·12

《现代中国文学译丛》（未出版）
六·427、539、540、541、542、544，七·89、125、147

《现代中外文学关系史》
七·182

《现代作家书简》
一·336

《现代作家游记选》
七·298

《现阶段的文学论战》
七·322

《现阶段上的文艺批评之几个紧要问题》
五·228

《现实文学》
一·350，三·101，五·185

《现实主义的路，还是反现实主义的路》
三·53

《现实主义在今天》
五·210

《陷坑》
三·230，七·353

《乡村》
一·344，三·231

《相思女子客店》
七·151

《香港文学》
五·323，七·56、78、425

《襄汾文史资料》
七·430

《襄汾县志》
六·516

《向工农兵群众学习，为工农兵群众服务》
三·312

《向死神挑战》
一·312

《向着真实》
六·225

《相片》
一·331，三·95、285，五·418，六·393

《肖洛霍夫研究》
六·335

《萧红与萧军》
五·355

《萧军印象》
二·334、335

《萧乾研究资料》
七·377

《萧乾传》
五·522

《小草对阳光这样说》
六·175

《小二黑结婚》
五·426，七·120

《小街》
六·190

《小鸟和它的新居》
三·281

《小朋友》
五·114

《小说辞典》
七·94

《小说导报》
五·249，七·18

《小说界》
六·489、490、538，七·28、87、196、
429

《小说考证》
七·18

《小说评论》
七·290

《小说选刊》
七·334、376、453

《小说月报》
三·317，六·39、63、103、107、112、
125、137、153、170、174、178、189、
233、430、449、469，七·10、37、67、
69、86、258、296、323、331、343、422

《小巷深处》
七·249

《小学教师》
七·153

《小镇故事》
七·420

《笑林广记》
六·350

《啸亭续录》
二·75

《蝎子过河——新寓言》
六·300、311

《写给爱人的信——中国现代作家家书集》
一·336、337，五·35，七·15、28、33、
79、347、448、450

《写给胡风的信》
三·194

《写给学生》
二·371，三·330、333，五·469

《写给中青年朋友们》
三·333

《〈写在"坟"后面〉引起的感想》
六·333

241

《邂逅》

三·283，六·131

《心灵的探寻》

七·458

《心灵解放的春天——父亲的晚年》

二·405

《心雨》

二·405、406

《辛笛诗稿》

六·475

《欣慰的纪念》

七·31

《新的粮食》

二·36

《新儿女英雄传》

六·27

《新概念 新方法 新探索：当代西方比较文学论文选》

五·405、406

《新观察》

六·102

《新华活叶文选》

三·58

《新华日报》

三·43，五·238，六·63

《新华文摘》

三·193，五·219、495、496、499，六·140、149、177、189、254、300、379、413、468、539，七·62、124、182、212、226、242、258、284、319、328、369、374、375

《新华月报》

三·136、218，六·66、67、126、132

《新建设》

三·48、204

《新疆大学学报》

六·4

《新教育大纲》

二·23，三·94

《新剧作》

六·179

《新论》

五·173

《新民晚报》

一·360、361、363、396，二·25、132、316、320、321、322、329、345、348、395，三·25、134、182、184、372，五·253、284、336、340、347、456、530，六·526、527、542，七·10、27、95、100、152、157、162、169、175、177、178、179、326、358、386、394、397、398、399、411

《新民主主义论》

三·361

《新日本文学》
五·210、218

《新尸》
三·290，五·12

《新时代歌手》
七·298

《新蜀报》
三·41，五·185

《新晚报》
五·523，七·356

《新文学的两大潮流》
五·501、512

《新文学概论》
三·308

《新文学论丛》
五·242，六·363、471

《新文学史料》
一·356，二·40，三·142、173、227、
338、350，五·132、206、242、249、
257、265、279、284、294、302、308、
310、313、314、315、317、329、368、
447、474、494、495、496、550、557、
558、575、576，六·8、71、103、139、
199、264、328、351、389、396、424、
477、505，七·18、53、87、113、126、
188、237、252、277、278、279、300、
301、319、324、327、340、356、359、
373、382、394、416、423、436、438、
444、445、446

《新文学资料引论》
七·241

《新文艺》
一·303，六·8、17

《新闻采访学》
六·186

《新闻参考》
七·241、255、256、261

《新闻窗》
三·13

《新星》
五·488

《新园集》
六·175

《新月》
二·349

《新月下的夜莺——徐志摩传》
二·137

《新中国》
三·308

《新中国诗歌研究专集》
五·238

《信息》
五·368

《信讯》
五·369

《星海》
六·170

《形式的寓意——论鲁迅与中国现代小说》
七·276

《兴淮十策》
六·91、94

《兴盛与危机——论中国封建社会的超稳定结构》
七·182、282

《杏花天》
七·76、80

《性史》
七·446

《性在中国古代社会》
七·449

《修辞新论》
七·415

《修辞学发凡》
三·48

《修辞学习》
七·234

《徐迟研究专集》
七·91

《徐九经升官记》
六·239

《徐懋庸研究资料》
七·94

《徐秋影案件》
六·99

《徐文长评传》
七·297

《徐志摩年谱》
六·188、227、442

《徐志摩研究资料》
七·433

《续资治通鉴·宋纪》
七·15

《宣传通讯》
六·227

《薛仁贵征东》
三·91

《学灯》
六·15、23

《学衡》
五·405，六·380

《学林》
七·408

244

《学林漫录》
六·209

《学生新报》
一·287，二·10、13、49、161，三·8、
13、118、364

《学生眼中的老师》
三·330

《学诗手记》
七·358、368

《学术季刊》
七·270、377、405、422

《学术研究》
七·302、338、340、341、343

《学术月刊》
七·207、237、239、249

《学术之声》
七·446

《学习》
三·36、203

《学习与批判》
五·74、75、84

《雪莲》
三·283，六·115、129、131、134、146、
149

《血色黄昏》
七·439、455

《血塔之谜》
六·125

《血疑》
六·472

《寻访鲁迅在上海的足迹》
七·376

《巡按》
一·241

《浔阳江头》
六·473、477

《驯虎记》
六·501

《殉道者》
五·349、351

Y

《哑女》
六·218

《亚玛》
一·344，三·230、307，六·529，七·353

《烟台大学学报》
七·373

《崦嵫情思》
七·445

245

《延河增刊》
七·391

《严凤英》
七·361

《岩波文库》
三·100

《沿海文化报》
七·450

《沿海信息报》
七·437

《艳阳天》
五·549

《雁南归》
六·307

《燕归来》
七·248

《燕居笔记》
七·208

《秧歌》
六·308

《羊城晚报》
五·201，六·85、244、250、252、257、282

《洋鬼》
一·350，二·43，五·268、269、271、327

《姚雪垠研究专集》
七·99

《药》
三·358

《药堂杂文》
六·425

《耶稣传》
二·196、197、198，三·304

《也来澄清一些事实——答茅盾先生》
六·59

《野草》
三·212

《野花与箭》
五·228

《野玫瑰》
六·69

《野性的呼唤》
三·47

《野猪林》
五·95

《野棕榈》
二·194

《叶圣陶研究资料》
七·411

《叶圣陶与中西文学》
七·283

《叶紫研究资料》
七·103

《夜雾消散的时候》
六·246

《夜莺》
一·350，三·101

《夜与昼》
五·488

《一点感想和祝愿》
六·472、473

《一幅古画》
一·309，三·235，六·338

《一个兵的日记》
一·330，三·92、284，五·418

《一个鸡蛋的"讲用"》
六·66

《一个老读者的祝贺》
二·387

《一个理想主义者的精神漫游》
七·341

《一个探索美的人》
一·367、369、371，七·210、265、332、355

《〈一个探索美的人〉序》
七·171、174、198、202、210、214

《一个英国鸦片烟鬼的自白》
六·419

《一个有高尚精神境界的人》
六·467

《一个中国人的文学观——周作人的文艺思想》
七·356

《一个中国知识分子的肖像》
五·551

《一九一五年夏季与秋季对俄诸作战》
一·282

《一盘没有下完的棋》
六·265

《一篇有严重错误的文章》
六·271

《一起共患难的友人与导师——我与胡风》
二·405

《一生》
三·307

《一石激起千重浪》
六·413

《一天的工作》
一·303

《一项开创性的学术工程》
二·316

《一叶知秋》
六·511

《一张照片》
三·13

《伊尔文见闻录》
一·257

《伊利亚特》
三·308

《伊藤永之介和赵树理》
七·387

《咿哑》
六·107，七·244

《遗失的原稿》
一·358、七·95、119、122、134

《以文化重建为主题的战国策派》
七·322

《以血还血》（又名《血的记忆》）
一·308，三·28、36、280、362，六·329

《亿万人民的共同心愿》
五·88

《义和团》
三·211

《艺海一勺》
一·364、365，七·173、174、221、243

《艺术的失落》
二·187

《艺术应该是活的》
六·457

《艺谭》
五·172、173、180、200、205、219、
233、254、261、479，六·53、54、69、
70、90、110、114、117、126、132、
135、137、143、145、146、147、159、
166、167、182、211、267、297、340、
341、343、362、411、437、518，七·28、
33、50、56、84、98、140、234、270、
287、307、310、343

《忆东京质屋》
七·230

《忆旧游》
三·282，六·54

《忆覃子豪》
二·29、415

《忆子豪》
七·446、450、452

《异端的权利》
七·297

《译介学》
二·282、283、284

248

《译文》
一·242、350，三·101

《易大胆》
六·421

《益世报》
五·499

《意度集》
六·540，七·33、51

《意见书》
六·328

《意识流浅探》
六·270

《因明学研究》
七·105

《阴谋与爱情》
六·106

《茵梦湖》
一·341，三·232

《音乐爱好者》
六·188

《银公爵》
一·358

《银杏树》
七·108

《引玉集》
六·270、285

《饮冰室诗话》
五·405

《饮冰室文集》
五·405

《饮之太和》
六·245、325

《瘾君子自白》
七·451

《印象·花束》
七·222

《英国文学论集》
七·52

《英国文学史》
六·437

《英语成语辞典》
六·139

《樱桃园》
三·50、51

《蝇王》
七·240

《瀛奎律髓汇评》
七·193

《拥护文化》
五·192

《庸报》
五·499

《庸园集》
六·73、99

《永丰乡人行年录（罗振玉年谱)》
六·170

《永恒的巨流》
六·543，七·191、192

《永远十九岁》
七·41

《"用爱和信念劳动"——纪念契诃夫逝世
五十周年》
三·297

《用文化的力量粉碎侵略战争的阴谋》
五·192

《用真美善消除假丑恶》
六·424

《悠悠东流水》
六·51

《由彼得堡到莫斯科的旅行》
三·50、301

《有啥吃啥》
五·500

《幼狮文艺》
七·55、57、64、80、107

《诱惑者日记》
七·348

《于伶文集》
六·307

《于无声处》
六·12、106

《余上沅年谱》
六·297、388

《余上沅戏剧论文集》
一·320、323，六·483，七·240、292、
444

《〈余上沅戏剧论文集〉序》
六·496、501、502、505

《余上沅小传》
六·297、307、311

《愚人之门》
七·373

《舆论岂能一律》
五·173

《与文化名人同行》
二·387

《宇宙风》
六·105，七·337

《雨果传》
七·79

《雨花》
五·162，七·451、453

《语文成语辞典》
三·209

《语文教科书》
二·21，三·89、90

《语文学习》
二·25，五·290、547，六·522，七·101

《玉君》
六·441、452、454、460、463

《玉卿嫂》
七·254

《玉色蝴蝶》
六·59

《郁达夫被害真相》
二·216

《郁达夫创作艺术》
一·386

《郁达夫论》（贺玉波编）
一·386

《郁达夫论》（邹啸编）
一·386

《郁达夫南洋随笔》
六·284

《郁达夫年谱》
一·384、385、387，二·214，六·431、501、505、508、510、522，七·345、352、408、410、411、415、420、421、423

《〈郁达夫年谱〉序》
七·432

《郁达夫评传》（素雅编）
一·386

《郁达夫评传》（曾华鹏、范伯群著）
一·386

《郁达夫诗抄》
六·182

《郁达夫新论》
一·386

《郁达夫研究》（英文本）
二·147

《郁达夫研究资料》
一·386

《狱里狱外》（《在这个复杂的世界里》）
二·230、297、429、432，三·173、174、223、224、226、227、228、229，五·302、308、310、313、314、333、351、375、389、391、447、474、550、557、575、576

251

《狱外即狱中记》
三·227

《域外小说集》
二·192

《御茶之水大学中国文学报》
七·152

《御香缥缈录》
六·83

《〈鸳鸯蝴蝶派散文大系〉再版感言》
二·318

《鸳鸯蝴蝶派文学资料》
五·365，六·99、198

《冤家路窄》
七·88

《元剧选》
七·44

《元帅之死》
六·110

《园丁录》
六·281

《袁世凯演义》
三·212，六·144

《原野》
一·349，三·101，五·227、233，六·441

《源氏物语》
七·11

《约翰·克利斯朵夫》
三·21，六·425

《月界旅行》
二·362

《月亮》
五·435

《月亮湾的笑声》
六·262

《月球旅行》
五·493

《月夜闻鬼哭》
五·499、500

《阅读与写作教程》
七·402

《云海争奇记》
一·380，三·32

Z

《杂感三则》
五·199

《杂文》
三·99

252

《杂文讽刺诗丛刊》
二·171，三·120

《在白石上》
一·342、343，三·232、233

《在国民党监狱中》
二·10、50，三·84，五·546

《在美学研究的道路上》
一·312、367

《在青海——流放回忆》
三·174、228

《在山那边有个好地方》
二·64

《在铁链中》
六·61

《在我弥留之际》
二·194

《在亚尔培路二号》
一·308、309，六·334

《在延安文艺座谈会上的讲话》
六·79

《臧克家专集》
六·199、200、436

《葬仪》
三·341、353，六·380

《灶王爷上天下地记》
六·468

《曾卓印象记》
六·255

《增订中国通俗小说书目》
七·280

《赠贾兄》
六·195

《展望》
三·13、120

《展望二十一世纪——汤因比与池田大作
对话录》
七·286

《战国策资料》（未出版）
六·69

《战争，为了和平》
五·193，六·388

《战争与爱情》
七·338

《战争与和平》
一·241、358，三·58，七·72、74

《张春桥、江青早期文章》（未出版）
六·64

《张恨水研究资料》
七·437

253

《张天翼短篇小说集》
六·39

《张天翼著作系年》
六·47

《张铁匠的罗曼史》
六·332

《张辛欣选集》
七·351

《朝日新闻》
三·127，六·66、162

《赵氏孤儿》
七·44

《〈赵氏孤儿〉与〈中国孤儿〉》
七·10、43

《〈赵氏孤儿〉杂剧在启蒙时期的英国》
七·52

《赵树理的生平与创作》
六·338

《赵树理篇》（日文本）
六·247

《赵树理全集》
七·120

《赵树理文集》
六·39、57、88、116

《赵树理学术讨论会纪念文集》
五·448，六·364、383、387、390、391、
473

《赵树理研究》
五·430、431

《赵树理研究通讯》
五·443

《赵树理研究文集》
五·448、449

《赵树理研究资料》
六·111，七·137

《赵树理在国外》
五·448，六·392

《赵树理专集》
五·415、416，六·3、16、33、34、37、
38、39、55、56、67、116、118、120、
122、166、178、203

《赵树理传》
五·287、441，七·311

《哲学的贫困》
三·20

《这才是真正的知识分子》
三·326

《这是我》
二·85

《浙江日报》
六·296

《浙江文艺》
七·240

《侦破中国新文学史现有最大公案——胡风系列研究序》
七·38

《真话集》
六·379

《"真空"中的探索——浅论聂华苓的创作道路》
六·473、474

《真理报》
三·99，七·200

《榛莽集》
七·417

《震旦大学学报》
五·500

《震泽长语》
六·14

《争鸣》
五·255、258，六·27、44、74、77，七·88、218

《整理国故·现代评论派资料目录》（未出版）
六·103

《正理经》
六·408

《郑振铎年谱》
七·422

《政治经济学基础教程》
三·17

《政治学信息报》
六·507、511、518，七·225

《知识分子》
七·72

《知识分子政策与国家发展——对若干社会主义国家的初步考察》
七·392

《知识人走向自立的摸索》
五·534

《知堂书话》
七·238

《知堂文集》
六·315

《知堂乙酉文编》
一·358，七·95

《知堂杂诗抄》
七·244、249

《蜘蛛》
三·287，五·3、4、16

《质文》
三·99

《治安策》
二·55

《治学篇》
六·381

《智擒八凶》
六·376

《中报》
七·338

《中俄袖珍字典》
三·28

《中古文学风貌》
一·404

《中国》
五·259，七·102、213、236

《中国比较文学》
一·356，二·177，五·217、220、227、
234、235、237、240、241、243、254、
256、299、306、404、407、408、409、
429、431、489、500，六·331、381、
402、413、451、491、513、515、516、
540，七·59、76、83、84、133、268、
302、350、450、457

《中国比较文学年鉴》
七·91、140、291、344

《中国比较文学手册》
七·370

《中国比较文学通讯》
七·434

《中国比较文学研究的过去、现在与将
来》
六·493、495、498，七·251、253、257

《中国比较文学研究》（《文贝》）
五·234、236、240、250、255、403

《中国娼妓史》
七·424

《中国持不同政见者文学》
五·170

《中国大百科全书》
六·266、283、290、331、401、496，七·
271

《中国大学生》
七·455

《中国当代短篇小说选》（未出版）
七·100、112、138、156、157、158、177

《〈中国当代短篇小说选〉英译本序言》
七·178

《中国当代名人录（1988—1989)》
七·428、441

《中国当代社会科学家》
七·330

257

《中国近代现代丛书目录》
六·186

《中国近代小说大系》
七·210、211、253、387、420、436

《中国近现代通俗文学史》
二·316、318、319，五·366

《中国禁书大观》
二·193、195

《中国科技文摘》
六·469

《中国历史地名辞典》
七·253

《中国留日学生与中国现代文学》
三·99、287

《中国美学史》
一·312

《中国民族性研究》
七·413

《中国青年报》
五·128、225，六·393、395

《中国人》（报纸）
一·352，二·47，三·110

《中国人》（图书）
七·417

《中国人的世界观》
七·367

《中国人名辞典》
六·32

《中国日报》
六·480，七·118

《中国社会科学》
六·148、517，七·219、220、326

《中国社会学论著索引》
六·516

《中国诗人成名作选》
七·226

《中国诗史》
七·318

《中国实业与中国文化》
七·424

《中国史研究动态》
六·22

《中国士人之鉴——读鲁迅〈中国小说史略〉札记》
七·336、345

《中国俗文学史》
七·18

《中国通俗小说书目》
七·46

《中国通俗小说书目改订稿》
七·45、64

《〈中国通俗小说书目修订稿〉中译本序》
七·141

《中国图书馆长名录》
七·373

《中国土地制度史》
六·291

《中国文化的展望》
七·145、380

《中国文化名人传记丛书》
二·213

《中国文学》
五·309

《中国文学发展史》
六·64

《中国文学古今演变论考》
二·424

《中国文学家辞典》
五·191、457、521，六·116、134，七·97、337、433

《中国文学论考》
二·62

《中国文学史料学》
二·92、93，五·486

《中国文艺复兴运动》
七·12

《中国文艺研究会会报》
五·306、309、312、317、385

《中国文艺政策的现状》
五·490

《中国文字狱史》
三·215

《中国戏剧史论集》
七·450

《中国现代城市小说选辑》
七·352

《中国现代的孔夫子》
三·344

《中国现代翻译文学史》
五·373

《中国现代各流派小说选》
七·223、245

《中国现代军阀论》
一·389，三·202

《中国现代人物别名》
六·82

《中国现代社会科学家大辞典》
七·396

《中国现代十大流派诗选》
七·319、321、364、367

《中国现代俗文学文库》
七·348、356、382、414、437

《中国现代文论选》
五·205、206

《中国现代文学词典》
五·213、364，六·333、445、474，七·
49、80、123、162、176、179、224、
231、234、294、298

《中国现代文学大辞典》
二·100，五·525，七·150、156、228、
252、253、255、278、300

《中国现代文学的来源》
五·498

《中国现代文学的主潮》
三·304，五·204、497、498、510、511、
512，七·125、146

《中国现代文学批评史》
六·190

《中国现代文学社团流派》
五·288、532，七·105、180、439

《中国现代文学社团流派辞典》
五·362、364，六·501，七·72

《中国现代文学史参考资料》
三·314，七·291、389、390

《中国现代文学史》（人民大学编）
六·71

《中国现代文学史》（唐弢主编）
七·331

《中国现代文学史》（中南七院校编）
六·65

《中国现代文学思潮研究》
二·82

《中国现代文学研究丛刊》
五·323，六·351、424、501，七·284

《中国现代文学研究译丛》
七·245、386

《中国现代文学运动·论争·社团资料丛
书》
六·391

《中国现代文学运动史料编年》
七·421、448

《中国现代文学作品选》（复旦大学版）
六·421、480、482、488，七·140、149、
158、193、294、303、306、355

《中国现代文学作品选》（钱谷融主编）
七·249

《〈中国现代文学作品选〉序》
六·474、480、488、491、544

《中国现代文学作者笔名录》
二·100，五·455、460、461，六·286、

354，七·229、269、270、272

《中国现代小说史》
五·221，六·307、308、372、452，七·
115、283

《中国现代小说选》
六·224

《中国现代中短篇小说选》
五·224

《中国现代作家论》
二·29，六·3

《中国现代作家评传》
五·420

《中国现代作家研究资料》
六·448

《中国现代作家传略》
七·373

《中国现代作家作品研究资料丛书》
七·411

《中国小说史略》
三·206

《中国小学史》
七·342

《中国新文学大系》
三·311，六·303、384

《中国新文学大系：史料·索引》
六·307

《中国新文学发展史》
七·172、328

《中国新文学发展中的现实主义》
七·249

《中国新文学史稿》
一·404，六·60、336，七·331

《中国新文学研究》
六·71

《中国新文学与传统文学》
二·181，五·411，七·340、355、374

《中国新文学运动史》
六·60

《中国新文学整体观》
七·287、341

《中国新文学作家与外国文学的关系——
以茅盾为例》
三·306

《中国新闻》
七·340

《中国学术界大事记》
七·432

《中国与欧洲民间故事之相似》
三·307

《中国哲学论稿》
一·367，六·534

《中国哲学史》
七·254

《中国知识分子的选择与探索》
二·411

《中国作家》
二·51，三·10

《中华读书报》
二·366，五·343

《中华风俗志》
七·216

《中华人民共和国文学》
五·210

《中华日报·动向》
三·67

《中流》
一·350，三·101，五·196

《中美文化在戏剧中交流——奥尼尔与中国》
七·387

《中欧文化交流史事论丛》
七·43、67

《中篇小说评论集》（未出版）
六·107

《中篇小说选刊》
七·422

《中外比较文学通讯》
五·529

《中外名人座右铭》
二·6，七·219

《中外所见略同又不可同论》
七·27、33、84、448

《中外文学》
五·406，六·486，七·326

《中外现代文学关系史》
三·306，七·235、242

《中外作家论报告文学》
六·431

《中西比较诗学》
七·436

《中西比较文化论》
二·353、354

《中西诗在情趣上的比较》
五·405

《中西童话之比较》
三·307

《中西文化交流史》
七·141

《中西文化论》
七·92

《中西文学关系研究》
六·538

《中西喜剧研究》
二·102、104

《中西戏剧之比较》
三·307

《中学生知识报》
七·317

《中央日报》
二·11、50，三·7

《中原》
五·274

《中州学刊》
七·398

《忠诚》
六·65

《钟山》
五·193、197，六·131、144，七·341

《周扬氏和胡风》
六·259

《周扬文集》
五·211，六·339，七·359、421

《周扬与丁玲》
六·259

《周作人论》
七·244

《周作人研究资料》
七·277

《朱桂花的故事》
五·136、164

《朱元璋》
六·200，七·6

《朱自清序跋书评集》
七·7

《珠江怒潮》
六·376

《住宅问题》
一·360、389、402，三·20、26、48、203、204、298、301、362，五·456

《传记文学》
五·279，七·348、446

《状况与主体》
三·173、227

《撞车》
七·447

《追捕》
六·121

263

《缀网劳蛛》
二·222

《准斋杂说及其他四种》
六·103

《啄木鸟》
七·306

《资本论》
三·20、112、203、218，六·15

《子夜》
二·245，三·322

《自己的园地》
六·329

《自由的旗》
六·225

《字林西报》
一·394，三·132

《宗教，一种文化现象》
七·347

《综合》
五·228

《总体文学与比较文学》
七·365

《走向混沌》
五·351

《走向世界文学——中国现代作家与外国文学》
六·424，七·39、67、90、93、96

《走向现代化的文艺学》
七·431

《祖国高于一切》
六·86

《罪案》
三·104，五·440

《罪与罚》
三·48，六·6

《"左联"的解散和两个口号的论争》
六·389

《左联研究》
五·306

《左翼·上海 1934—1936》
二·369

《左翼文艺思潮：中国与世界——中国现代左翼文学思潮之源流探讨》
七·324

《昨日丛书》
二·218

《昨夜星辰昨夜风：八十自述》
二·415

《左传》
六·358

《佐罗》
六·39

《作家》
一·350、377，三·101

《作家的勇气和责任心》
六·46

《作家日记》（*The Diary of a Writer*）
三·304，五·539，六·487、488、513、527，七·337

《作家通讯》
六·199，七·373

《作家文摘》
二·436

《作家杂咏》
六·195

《作品与争鸣》
六·430、437、458、496，七·428

《做好人，做好学问》
七·80

其他

An outline of Russian Literature
六·13

Chekhov：A Life
六·352、355

Chekhov and His Russia
六·347

Chekhov's Notebook
六·142

China Reconstructs
六·173

Chinese Literature
六·175

Confessions of an English Opium Eater
六·352

Encyclopedia of World Literature in the 20th Century
六·450

Modern Chinese Literature in the May Fourth Era
六·190

New Masses
六·344、345、350

Oxford Chekov
六·345

Selected Works of Mao Zedong
六·523

Son of the Morning—A Portrait of Friedrich Nietzsche
六·330

Storm Children
六·313

The Breaking Point
一·344

The Dissents of Literature in the Republic of China
六·372

The Lyrical and the Epic: Studies of Modern Chinese Literature
六·425

The New York Times（《纽约时报》）
六·58、126

The Philosophical Foundations of Soviet Aesthetics: Theories and Controversies in the Post-War Years
六·281

The Romantic Generation of Modern Chinese Writers
六·229，七·175、177

Times
六·58

《Tolstoi 艺术散记》
六·159

《20 世纪学者散文百家》
二·164

《20 世纪中国文学通史》
六·67

1500 Modern Chinese Novels & Plays
六·52

《1920 年代中国安那其主义运动与巴金》
二·200

《1957 年的夏季：从百家争鸣到两家争鸣》
五·351

地名篇

A

阿尔巴尼亚
六·202、285

阿拉斯加
七·219

爱多亚路
三·9

安徽
三·147，五·172、497，六·79、214

安徽潜山
七·430

安徽中学
三·10，六·82

安吉
五·200

澳门
七·296

澳洲
五·535、562

B

八宝山
二·81、335，五·131，七·66

八仙桥
五·41、43

巴尔干半岛
三·27

巴黎
三·232、317，五·255、409

白山寄宿舍
三·56、79、98

包头
六·78

宝鸡
三·38、40，五·12、13

宝山
三·254，五·191

北碚
一·352，二·46

北大勺园

一·406

北戴河

五·277、524

北海

五·137

北京（京、北平）

一·250、331、340、354、356、382、400、401、405、406，二·18、19、23、30、31、32、40、41、78、79、81、108、118、161、168、224、225、226、244、245、267、270、287、288、289、290、292、293、296、297、299、301、308、309、310、311、334、335、384、395、404、409、415、433，三·17、18、26、30、31、34、36、39、43、52、53、54、55、56、57、58、59、77、78、92、93、94、97、102、104、110、125、127、161、162、202、234、238、239、240、241、242、244、246、266、283、284、287、321、322、328、334、341、362、363，五·27、30、131、132、134、135、144、146、157、158、159、160、161、162、163、165、167、169、170、174、175、179、180、182、186、189、190、191、197、198、200、203、206、207、208、211、214、215、216、217、220、221、222、224、226、229、230、231、233、235、238、239、241、242、244、246、248、249、251、252、253、255、257、258、259、260、261、262、267、268、269、270、271、272、273、275、277、278、280、281、286、287、288、291、299、301、302、303、304、305、307、308、309、310、314、318、319、320、323、326、327、329、332、333、336、338、339、340、341、342、343、344、346、347、349、353、354、355、362、363、383、385、387、388、392、394、407、418、424、426、429、440、457、476、477、489、495、498、499、501、504、505、506、507、509、510、511、512、513、514、515、516、517、520、521、522、524、525、528、529、530、532、533、534、535、536、538、539、542、543、545、549、551、552、553、554、556、557、559、576，六·12、15、21、22、24、25、26、28、29、32、62、63、65、78、84、122、180、210、215、218、220、221、229、233、241、248、256、263、264、287、291、293、306、307、314、319、320、321、322、333、337、344、351、355、361、363、373、374、393、417、424、425、437、440、451、479、515、545，七·3、47、48、49、50、51、53、56、64、65、66、71、72、73、86、116、117、122、126、130、138、142、143、156、179、198、220、222、228、233、234、238、242、253、256、257、259、264、265、266、274、279、282、291、303、307、313、317、321、324、328、330、331、332、340、342、343、354、356、359、362、376、377、380、382、383、394、396、399、410、417、420、428、436、443、455

北京大学

五·137

268

北京图书馆
一·331，五·137

北平东安市场
一·350，七·261

北平国立艺术学院
一·320

北平警察局
一·400

北平西城区
三·96

北师大
五·319

北四川路
一·359，三·27、85、186，五·51、120、553，七·230

北乡区
三·57

北新桥
二·30，三·93、240，五·136

波兰
六·200

柏林
三·317

博山
六·83

C

曹家渡
六·182

长春
五·308，七·274、276、278、284、287、288

长海医院（长海）
二·391，五·557，六·236、237、238、239、240、241、242、243、341、346、347、353、357、358、361、363、364、388、390、392、481

长兴岛
三·254

常村
七·191

常熟
七·338、340

常州
三·189，七·242、340、353

巢湖
七·324、327

巢县
七·317、328

成成中学
一·329，三·91，五·145

269

成都
一·354、377，二·80、156、224、297，
三·33，五·133、136、159、164、237、
281、308、412、552、558，六·13，七·
267、302、310

城西公社
三·151

赤峰路
三·185

重庆（渝）
二·42、44、45、46、47、48、131、291、
293，三·13、38、41、42、43、44、59、
102、108、109、118、289，五·12、13、
14、15、16、17、18、274、387，六·
267，七·307、357

重庆村
三·109

重庆路
三·290

崇实中学
二·30、221、415，三·93、94、240，五·
136

崇文门
五·136、164、165

辞海（《辞海》编辑部，今上海辞书出版
社）
六·30、119、153

D

大八寺
五·113

大柏树
七·390

大阪
五·297、306、309、312、317

大观园（济南一个地名）
三·132

大理
五·293

大连
五·308、462、475、552

大连路邮局
五·38

大同
五·144

大西路
五·527

大众书店
七·436

大足第二监狱
六·24

大足县劳改农场
一·354

丹东
五·308

丹麦
五·536

德国
三·205

德胜门
三·244

德州
五·179

登辉堂
一·321

狄思威路
三·12

第八宿舍
三·164、251

第六宿舍
三·181

第三看守所
二·12，三·111、122

第五宿舍
三·251、303

淀桥区
二·33

丁香花园
七·256

东北
五·309、552

东长安街
三·96

东单
五·135

东风饭店
六·223

东侯
三·157、161，七·190、191

东京
一·246、247、339、341、346、350、
401，二·30、31、33、34、37、39、42、
47、61、201、254、255、368，三·9、
13、57、79、97、98、99、101、189、
230、287、341，五·294、295、296、
297、298、302、306、312、389、391、
474、527、535、577，六·4，七·251、
253、267、268、273、294、316、378、
399

东京大学
二·61、366，三·277，五·297、302、
306、385

东京都千代田区
五·296

271

东京日本桥
一·340、341、342

东京神保町
一·309

东京神田区
一·349、388，三·101

东欧
三·27、28、218

东亚高等预备学校
一·341

东阳
五·558

东照里
六·98

敦煌
六·214

E

俄国
二·84、85、86、87、107、169、194、228、272、273、274，三·51、190、218，七·297

峨眉山
一·355，三·290

二马路
三·201

F

法国
一·340，二·30、84、85、103、104、194、415、416，三·238，七·26、362

法华镇
二·17、19，三·11、18、148、198、200

芳草地
五·133、164

汾阳
三·264，五·58、113、124、127、144、146，七·345

凤阳
三·264，六·342

佛山
七·370

夫子庙
三·86

福建
五·232、272，六·33

福州
五·416

福州路
一·382，三·34、140

复旦大学（复旦）
一·311、319、320、321、323、324、326、327、348、352、368、384、386、

272

389、397、405、407，二·14、15、40、
51、55、61、201、206、216、224、271、
290、312、396，三·328，五·8、36、
123、128、131、156、176、177、180、
181、185、186、194、199、218、224、
240、247、248、253、279、294、295、
340、341、369、375、388、401、417、
459、469、475、482、483、497、511、
515、518、521、526、527、528、539、
545、555，六·46、229、275、316、510，
七·26、32、42、86、298

复旦大学出版社
六·406、482、516

复旦大学图书馆（图书馆）
六·211、235、300、303、314、330、
345、350、369、383、386、387、392、
396、397、398、399、400、401、402、
404、413、423、427、428、430、431、
441、442、445、455、456、482、486、
488、505、507、509、510、513、514、
516、518、524、533、540

复旦大学印刷厂
二·51、119、207、224、264、286、287、
336、431，三·365、368

复旦大学中文系资料室
二·14、15、65、66、99、120、125、
156、201、209、224、287、290、337、
421、435

复兴中学
五·115

富春江
五·285

富阳
五·285、501、529

G

甘肃
三·93

工业展览馆
七·391

共和路
七·224

古北路
三·38

古城
五·65

古城公社
三·129

关西
五·295、297、309

灌县
六·24

广慈医院
五·229、236

广东
五·236，六·363

273

广东台山
一·249

广东中山
五·312、314、492

广西
三·56，五·151、216、400、487，六·302，七·279

广西大学
五·202、211

广州（广）
二·132，三·25、81，五·148、149、151、212、219、220、248、254、271、272、273、274、282、365、411、481、500、508、514、522，六·375、376、377、378，七·72、75、252、267、273、289、293、294、295、296、302、312、360、365、367、368、370、385、386、442、446、447、448

贵阳
五·292、293、535、548

贵州
五·251、492，七·227、242

桂林
二·47、331，五·202、212、215、216、217、220、222、267、337、400、401、512、513，六·352，七·279、358、429

桂林公园
六·52

国光印刷厂
三·120

国权路
五·54、56、76、79、81、82、83、96、102、111、113、115、116、120、121、122

国顺路
三·177

国谊宾馆
七·418

H

哈尔滨
二·334，五·308、491、524，七·231、232、233、236、400、401、411、413

海南
五·507、508

海宁
五·158

海王村
三·246

海燕书店
二·15、16、18、50，三·9、12、110、196、197

韩城
三·127

274

韩国
二·395，五·335、349、525、576

寒山寺
一·407

汉口
一·249、250，三·81、102、108、266，
五·168

杭州（杭）
三·10、11，五·31、158、229、231、
232、233、245、270、285、306、315、
317、320、322、324、326、332、339、
350、351、473、486、515、519、529、
530、531，六·81、82、104、154、434，
七·225、269

合肥
五·214

合众图书馆
三·220

和平门
三·246

河南
三·149，五·157、308，七·220、418

黑龙江
七·416

横滨
五·474

横滨大学（横滨国立大学）
五·297

横滨码头
二·36

横滨桥
五·75

衡山宾馆
六·503

虹口
五·42、45、51、66、90、121、192

虹口公园
六·14、166

虹口文艺会场
七·300

虹桥公墓
五·378

虹桥樱花度假新村
七·212

洪洞县
三·43

洪兴路
五·67

鸿英图书馆
三·220

侯村

三·129、157、158、160、162、167、169、170、171、173、270，七·260

侯马

五·436

湖北

五·228、274、281，七·46

湖滨旅舍

六·81

湖南

三·59，五·327，六·363

湖州

三·12

虎丘

一·407

户冢町

一·343

沪西

三·15、144

华东人民革命大学

三·31

华东医院

一·404、407、408，三 185，六·266、272、299、388、425

华山医院

六·250、251、446

华师大

七·167

华阴

五·11

化隆

三·151、153，六·74、76、77、78、99、102、105、112、142、144、168

化隆桥

一·352

淮海路

三·54，五·53、81、113、115、496，六·52

黄龙山

五·19

黄浦公园

五·93

黄浦江

三·47，五·38

黄山

五·141、142、157、158、159、161，六·19、20、21、22、69、71、72、73、79、80、81、83、260

黄土高原

三·108

J

济南

二·131，三·19、26、28、76、80、82、83、125、160、248，五·143、146、509、563、564，六·94、343，七·298、300、303、312、377

济南车站

三·163

加拿大

五·491、553，七·273、275

嘉定

三·31

嘉兴

七·304、364

柬埔寨

六·200

建国西路

三·73、365

建新公寓

三·96、97

江陵

二·37，三·81

江苏

五·216

江苏师范学院

五·140

江湾体育场

三·253

江西

五·277、299、533

胶东解放区

三·56

"洁而精"饭店

六·64

金华

五·280、284、285、305、307、384、400、529、532、552、558，七·274、352

金山

五·490

金山宾馆

七·199

金泽大学

五·312

锦江饭店

五·523，六·59、69、201，七·194、391

晋北

三·91、159

晋东南

三·39

晋南
三·88、91、159

晋南山区
一·329

晋西
三·91，五·12

晋中
三·125、159

京都
二·60、61、62，五·297，七·268

京西宾馆
七·3

静安宾馆
六·235

静安公园
五·156，六·7

静安寺
五·54、290，七·226

九江
一·250

九龙
五·151

旧金山
二·368，七·258、293

军医大学（海军军医大学）
五·184

K

开明书店
三·10

科学会堂
七·160

孔德学院
二·30、415，三·56、93、94

昆仑书店
一·350

昆明
五·292、293、535，七·447

L

拉都路雷米路
三·35

兰州
三·156

老介福
五·48

老松盛
六·191，七·226

老先施公司
五·78

雷米路
一·359，二·17、38，三·16、67、111

漓江
五·219

李子坝的报馆
五·15

溧阳路
三·57

连云港
五·266

凉城新村
三·334

辽宁教育出版社
三·196

临汾
五·6、97、489，七·34、190、191、192、
370

灵隐寺
三·10

琉璃厂
三·246

龙华
五·305

龙华革命公墓
六·49

龙华火葬场
二·134，七·177、349

龙华精神病院（龙华医院）
五·175，六·160、164、182

龙家凹村
一·253

卢沟桥
一·250

庐山
二·37，三·81，五·307、503、552，七·
284、402

鲁迅纪念馆
七·364

甪直镇
七·389

鹿鸣书店
三·229

伦敦
三·317

骡马市大街
三·244

洛川
三·108

洛阳
二·291，三·105、106

279

洛阳第一战区
一·347

吕梁山
三·67、157，五·11

M

毛主席纪念堂
五·134

梅龙镇酒家
六·58，七·412

梅园公寓
三·97

美国（美）
二·24、109、180、194、197、395，五·239、271、272、273、491、540、562，六·248、264、281、296、303、308、310、325、326、340、350、360、365、376、402、407、414、424、454、467、471、511、529，七·3、9、34、44、46、52、57、60、62、63、68、73、77、88、100、219、232、245、246、248、249、251、252、257、258、268、278、279、284、286、287、292、293、296、297、298、299、300、301、302、303、304、305、306、307、308、316、322、343、344、345、347、350、352、362、378、385、392、407、424、447、450、457

美国哥伦比亚大学
五·224

美国华盛顿大学
五·408

《萌芽》编辑部
六·119

孟源
五·92

渑池县
三·105

名古屋
一·246、247，三·79

明复图书馆
三·220

莫干山
五·31，六·12、81

牡丹江
七·406

木樨地
五·520

慕尼黑
七·404、407

N

南昌
五·306、307、552

南湖军校
五·4

南汇
三·254、258

南京
一·249、250、288，二·37、50、125、126，三·18、30、67、81、86、111、164，五·139、140、141、142、167、168、186、193、203、213、223、225、228、230、238、240、304、305、307、308、326、339、361、496、497、500、501、502、504、515，六·53、95、120、308、328、396、413、418、441、448、450、452、472，七·35、57、236、244、258、259、264、269、322、374、399、436

南京路
三·16，五·41、42、75、98、115、156、296、528，六·409、513

南京路新雅酒家
一·391

南京师范学院
五·140

南京市虎踞关
五·203

南京图书馆
五·139、140

南宁
五·202、215、402、407、410、485

南市
一·359，三·148

南市车站路
三·116、272

南市蓬莱路
三·118

南斯拉夫
六·310

南通
三·111，五·202、459

南洋
一·386

内蒙古
三·95，七·230

内山书店
一·309、349、388、401，二·42，三·101、230、359，五·298

泥土社
三·10、20、54、120

娘子关
二·30，三·92

宁波
三·201，五·309、475、552

宁夏
三·77，五·157

纽约
五·392，七·322、332、367

281

挪威

五·536

O

欧洲

三·81

P

蓬莱路警察局

二·10、13

普陀区

三·185

Q

蕲春

二·41，七·435

千叶县

三·57、79

沁水

五·430，七·423、434

青藏高原

三·129、270，五·35

青岛

一·299、301、317、380、402，二·19、
20、24、132、161、249、349，三·18、
19、20、23、26、127、148、198、203、
300，五·528，六·330，七·277、284

青海

二·168、250、286、311、337、391、
431，三·123、124、143、150、151、
158、173、228，五·35、119、139、156、
168、170、174、330、368、487、526，
六·10、39、74、120、133、134、138、
143、154、159、214、342、361，七·
174、262、275、279、353

青浦

一·406、407，三·254，五·59、288、
485、531、533、543、544

庆应大学

二·41，五·297、304、311、312

秋林镇

二·292，三·43、44、107

曲阜

二·154，五·479、517、564

泉州

七·230、246、247

R

人民大会堂

五·134

人民文学出版社

五·134、136、137

日本

一·246、248、339、340、341、344、
346、347、348、350、359、377、406，
二·10、15、23、24、30、31、32、41、

42、43、44、47、48、50、53、61、95、96、97、133、168、199、200、201、214、215、216、244、254、255、268、291、334、366、367、384、395，三·19、25、26、38、55、56、78、80、94、97、98、101、102、104、134、144、201、205、238、277、287、321、341，五·3、4、229、291、293、294、295、302、306、307、309、312、314、316、345、385、421、435、456、484、511、527、533、534、535、548、549、577，六·236、252、253、269、277、299、313、345、353、355、356、378、402、405、408、410、416、424、429、431、455、457、463、464、475、476、496、501、504、506、508、510、513、516、518、519、520、529、539，七·9、13、22、35、45、54、84、94、101、218、227、234、238、246、254、278、280、284、298、339、360、361、366、367、372、380、381、387、396、400、405、411、420、423、431、457

日本大学
一·341、346、349、390，三·78、99、189，五·293、297、549，七·246

日华学生会堂
三·99

日坛路
五·163、506

瑞典
五·536

S

三元坊
一·380，三·29、32

山东
三·76、264

山东路
一·380，三·229

山西（晋）
一·350，二·18、22、44、46、80、89、90、91、108、110、221、276、288、290、291、292、336、368、383、391、431，三·11、16、42、43、78、88、106、125、157、159、168、182、187、228、264、265、267，五·8、134、220、241、264、267、307、399、400、423、426、435、439、441、444、449、456、469、488、489、490、520、521、526、532、554，六·265、328、350、363、395、428、530，七·34、49、97、211、422

山西大学
五·489

山西稷山县
七·443

山西夏县（夏县）
一·346，五·7、9

山西襄汾
五·35

284

285

上海新文艺出版社
三·197

上海中级人民法院
三·140

上海筑庄
三·303

上清寺
五·14、15、17

上外
七·40

绍兴
五·231

蛇口
五·282

深圳
五·256、272、279、410，七·23、59、65、77、79、86、87、91、295

深圳大学
五·282

深圳饭店
七·224

神户
一·246、346、359，二·37、60、62，三·80，五·474、526，六·236

神户大学
二·61、62，三·189，五·297

神田区（神田）
二·33、42

沈阳
二·309、362，三·225，五·308、475、552，七·322、405

什刹海
二·79，三·60

斯德哥尔摩
五·536

四川（川、蜀）
一·354，二·15，三·34、125、153、264、367，五·155、209、239、526、552，七·31、282、333

四川北路邮局
二·132

四川广汉县
七·313

四川路
五·75、78、82、83、95、98、102、114、121，六·249

四马路
三·322，五·45、228

苏北
三·85

苏格兰
六·354

苏联

二·8、84、85、86、116、117、234、273、274、351、367，三·17、50、205、五·193，六·212、221、252、256、267、275、284、318、323、346、369、400、497、501，七·16、145、176、200、258、264、286、311、340、345、361、374、392、396、397、403、445、457

苏门答腊

二·215、216

苏州（苏）

一·380、406、407，二·125、192，三·28、29、30、31、35、39、186、187、230、245，五·140、141、142、223、225、228、257、267、288、306、307、340、361、475、488、490、519、522、532、544、547、552、561、562、563、七·80、88、89、90、99、104、105、176、180、181、206、231、241、242、245、247、249、268、294、296、297、303、334、337、338、344、382、388、389、399、415、442、447

苏州大学

一·406，五·483

苏州河

五·83、90

苏州图书馆

五·140

T

台北

二·40、267，三·57，五·268、277、322、339、490，七·12、43、57、64、80、234、371

台湾

二·213、267、268、274、368，三·57、62、174，五·339、340，七·37、58、77、219、302、398、405、428

太平街

三·58

太原

一·329、405，二·118、384、395、421，三·56、77、91、125、217、238，五·6、143、145、146、417、418、428、429、431、488、489、491、509、520，六·381，七·169、189、190、191、278、296、448

泰山

五·564

唐山

五·134

棠棣出版社

三·198

塘沽

一·246，三·26、78、241

提篮桥监狱

一·392，三·129

287

天安门广场
三·283

天蟾舞台
三·34

天津
一·381，二·23、308、309，三·30、33、
34、80、95、197、367，五·174、386、
418、499、501，六·210、237、238、
241、243、296、367、393、518

桐庐
五·285

W

外滩
五·38

丸善书店
一·339、340、341、342、343、345，二·
36，三·230、231、233

万华馆
七·39

王三和
五·45

维也纳
三·317

温都尔汗
三·170

温州
五·386，七·354、402

文安坊
三·67、111，五·174

文艺会堂
七·23、94、128、148、198、239、393、
394、412

无锡
七·281、283

芜湖
五·141，七·372

吴江县
一·407

吴淞业余大学
七·444

五角场
三·165、212、256，五·38、41、49、53、
54、55、68、70、73、80、84、85、86、
92、93、103、106、108、110、112、
114、125、128、506、507，六·221、
222、230、239、243、246、391、442，
七·246、261、268、283、287、304、
306、353、354、382、422、433、439、
453

五台山
一·405，五·145、146、336

武昌
五·5

288

武汉

一·347，二·37、38、42、44，三·78、
105，五·3、4、157、173、174、222、
233、234、277、283、285、286、379、
480、502、504、530、531、532、542，
七·245、275、281、309、432、435

X

西爱咸斯路

三·35

西安

一·352，二·38、47、48、131、175、
291、292、293、391，三·10、15、38、
40、42、43、44、104、105、106、107、
108、109、110、125、126、145、201、
238、264、265、290，五·5、10、11、
12、13、14、18、19、22、47、237、
271、272、273、292、365、440、445、
461、481、526、542，七·279、281、
284、285、288、289、291、294、304

西班牙

七·455

西北

三·77、82、124、127、233

西北大学

三·264，五·26

西单商场

三·96

西德

七·240、274、335、362、423

西贡

六·223

西湖

五·386

西宁

五·364、369，六·328，七·243

西双版纳

五·293

西雅图

五·400

西藏路

五·69

霞飞路

三·38、190

厦门（厦）

五·201、280、281、284、368、508、
529，六·236、397，七·356

厦门大学

五·285

香港（港）

一·346、348、350、352、357、359，二·
16、17、18、24、37、43、47、50、51、
78、132、177、249、275、294、331、
362、368、377，三·9、10、16、17、25、
34、80、81、82、109、144、148、196、
248、317，五·20、150、151、198、
215、254、255、256、257、258、262、
267、274、276、314、408、409、425、

289

489、491、492、519、522、523、524、526、527、530、533、552、553，六·223、236、308、414，七·27、29、35、60、65、71、72、73、74、75、76、83、86、89、93、97、101、102、105、106、107、198、240、254、271、286、287、297、310、311、313、314、317、319、322、336、339、340、342、343、347、351、356、358、360、362、365、366、367、368、369、370、373、375、376、383、385、386、387、400、405、406、413、428、451、452、453、454

香港大学
五·255，七·79、353

香港中文大学（中文大学）
五·150、151、274、408、424

湘潭
五·520

襄樊
七·17

襄汾
一·329、348，二·41、336、384、391、431，三·76、125、129、157、158、182，五·37，七·34、55、62、190、191、194

小石川区
三·56、79、98

新潮书店
三·26

新加坡
七·400、421

新疆
五·146、157

新人乡酒馆
三·57

新西兰
五·304、328、333、338、339、340、343、387、391

新亚酒店
三·186，五·78

匈牙利
三·24，七·222

徐家汇
三·220，六·291、294、330、380

徐州
二·154，三·8、54、67、164、270，五·24、26、268、283、479、517、521、526

徐州日伪警察局特高科
二·10、48、224、249

Y

雅安山区
一·354

亚尔培路
三·8、16、146、149

290

烟台
一·406，五·267，七·189、194、195、360

延安
二·291、292、293、308、367，三·10、18、26、30、43、55、56、60、94、106、118、239、360

延安饭店
七·128

演乐胡同
五·146，七·331、332、418

雁荡路南昌路口
三·120

扬州
五·137，七·26、30、31、33、55、249、451

宜川
三·107、108，五·11、12、18、19

宜兴
五·488，七·180、230、386

义丰里
一·388，二·14、15，三·8、12、26、202，五·38、172

义乌
五·558

印尼
六·363

英国
二·74、194，三·76，五·227，六·284、354，七·56、64

英国总领事馆
七·441

永安电影院
五·95

永安公司
五·75、98

又一村
六·121

盂县
五·439

榆次
三·127

愚园路
三·47、185

云南
七·438、439

Z

早稻田大学
一·343、344，五·336、337、577

肇庆
五·148、149、218、514

291

浙东
一·368

浙江
五·157、249、302、401、546、547、558

浙江师范大学
一·384，五·284、285

震旦大学
一·380，二·55、199、206、264、312、
409、416，三·29、245、298、328，五·
367

正气书店
一·380

支家川村
五·10

芝加哥
七·304

中法大学
一·340，三·56、79

中华职业教育社
三·120

中山大学
五·148、218、274，七·275

中条山
一·346、347、350，二·37、38、44、
291，三·13、81、104、108、五·6、7、8

中兴出版社
三·12

中央大学
三·9

中灶楼（中灶）
六·222、261、352、389、394、415、
441、497、520、529、534，七·254

珠海
五·272、273、282、342，七·296、305

诸暨
五·531、543